세 상에 대하여
우리가
더 잘 알아야 할
교양

23

지은이 | 옮긴이 | 감수자 소개

지은이 케이 스티어만

인권, 소수자, 보건, 소비자 주권 등 여러 분야의 국제기관에서 일했습니다. 역사 및 시사적 사안에 대해 어린이와 청소년들이 쉽게 읽을 수 있는 책을 여러 권 썼습니다. 저서로는 《성형 수술》《사형제도》《군사 개입》《안락사》 등이 있습니다.

옮긴이 황선영

연세대학교 유럽어문학부를 나와 서울대학교 국제대학원 유럽지역학 석사를 취득했습니다. 현재 출판기획 및 전문번역가로 활동 중입니다. 역서로는 《시장을 이긴 16인의 승부사에게 배우는 진입과 청산 전략》《통찰력으로 승부하라》《리더십이란 무엇인가》《싱크 스마트 워크 스마트》《팅커벨》 등이 있습니다.

감수자 전진한

11년 동안 정보공개 활동가로 일해 왔습니다. 정보공개 청구를 알리는 자리라면 어디든 마다하지 않고 다니지요. 언론진흥재단에서 6년째 기자들을 교육하고 있고 중앙대학교 신문방송학과에서 언론정보공개론이라는 과목으로 학생들도 가르치고 있습니다. 2008년 정보공개 시민 단체인 '투명사회를 위한 정보공개센터'를 창립하는 데 함께 했으며 지금은 소장을 맡고 있습니다. 저서로는 《정보 사냥》《시민의 권리 정보공개청구》《정보공개와 탐사보도》가 있습니다.

세상에 대하여 우리가 더 잘 알아야 할 교양

세 상에 대하여 우리가 더 잘 알아야 할 교양

케이 스티어만 글 | 황선영 옮김 | 전진한 감수

23

국가 정보 공개

어디까지 허용해야 할까?

내 인생의 책

차례

※ 본문의 **굵은 글씨**로 표시된 단어는 99쪽 용어 설명에서 찾아보세요.

"뭐하는 분이죠?" "어디에 쓰려고 청구하시죠?" "거기가 뭐하는 곳인가요?" 정보공개 청구를 하면서 가장 많이 듣는 말입니다. 정보공개 활동가로 일하면서 10년 넘게 들었고 정보공개 센터 사무실로 수많은 공무원들이 전화를 해 와 묻는 말이지요. 대답은 단순해요. '알고 싶어서'랍니다. 알고 싶고 궁금한 것은 인간의 본능이고 그것에 답해 주는 것은 민주주의 국가에서 국가의 의무예요. 국민의 알 권리를 보장해 주는 게 바로 정보공개법입니다.

정보공개제도에 대해 매력을 느낀 것은 아주 우연한 기회를 통해서였습니다. 10년 전 참여연대라는 시민 단체에서 일할 때 공공 기관들이 내부 기록을 무단으로 폐기하는 관행이 있다는 제보를 받았습니다. 그런 일이 아주 만연돼 있어 관공서 어디에 알아봐도 바로 확인할 수 있다는 얘기까지 들었지요.

그래서 바로 정보공개 청구를 통해 공공 기관의 기록물 폐기 실태를 알아보았습니다. 결과는 놀라웠어요. 법적으로 반드시 거쳐야 하는 기록물 평가 심의회는 열리지 않았고, 기록물 평가에서 반드시 필요한 기록 전문 요원도 없이 공공 기록물을 폐기하고 있었습니다. 폐기된 기록물의 면면도 충격적이었지요. 온 국민을 충격과 공포로 몰아넣었던 '삼풍백화점 서류철'이나 'IMF 대책 문건' 등이 폐기된 것을 확인했습니다. 역사적 유산으로 오래도록 남겨야 할 기록들이 불과 몇 년 만에 사라진 것입니다. 참여연대가 이 사실을 발표했고 온 언론에서 떠들었지요. 하지만 기록들은 사라져 버린 뒤였습니다.

이 사건 이후 정보공개 청구를 통해 국가 기록물 관리 실태를 밝혀 나가기 시작했습니다. 담당자들과 핏대를 올리며 싸우기도 하고 때로는 달래기도 하면서 악착같이 관련 자료를 모아 발표했습니다. 그 결과 많은 공공 기관들이 기록을 체계적으로 관리하기 시작했고 대통령 기록을 관리하는 대통령 기록물법도 생겨났지요. 정보공개 청구가 세상을 변화시키기 시작한 것입니다.

이렇듯 정보공개제도는 사회의 부패하고 음침한 곳을 밝히는 등불과 같은 역할을 합니다. 예산 낭비를 폭로하기도 하고 공직자들의 비리를 방지하기도 하며 정치 부패 스캔들을 고발하기도 해요. 정보공개제도는 우리뿐만 아니라 전 세계 시민 사회가 권력과 치러 온 싸움의 소중한 결과물입니다.

이 책은 전 세계 정보공개의 흐름을 짚어 주고 있습니다. 10년 넘게 일하면서 경험했던 일들을 이 책을 통해 다시 회고하게 됐습니다. 국가는 달라도 권력 기관의 기록을 공개하는 과정과 느낌은 비슷하기 때문일 것입니다. 권력과 세금이 있는 곳에는 정보공개가 있어야 합니다. 공개가 없는 권력은 반드시 부패하니까요. 방치된 권력은 거대한 암덩이가 돼 시민들을 억압할 것입니다. 우리가 두 눈을 부릅뜨고 정보공개 청구를 하는 이유입니다. 사람들이 이 책을 많이 읽고 정보공개제도를 자유롭게 이용하는 세상이 되길 소망합니다.

투명사회를 위한 정보공개센터 소장 전진한

들어가며 : 영국 의회의 '세비 스캔들'

의회 민주주의의 모범으로 꼽히는 영국도 의회의 세비(歲費) 유용 시비로 몸살을 앓은 적이 있습니다. 의원들이 수령하는 주택 수당에 문제가 많다는 게 2009년 대대적인 언론 보도와 정보공개를 통해 폭로됐기 때문이지요. 시민들이 낸 혈세를 의원들이 자신들의 쌈짓돈으로 써 온 관행이 들통 난 것입니다.

주택 수당제 논란

영국 의회의 주택 수당제는 의원들에게 관사 격인 제2주택과 관련된 비용을 지원하는 제도입니다. 지역구가 수도 런던과 먼 의원들이 의정 활동을 위해 런던에 체류해야 하는 상황을 감안하여 일정액의 실비를 변상하는 제도지요. 지역구의 자택과 런던의 주택 가운데 한 곳을 정해 집세, 주택 관련 대출금의 이자, 공과금 등을 한 해 2만 4,000파운드(약 4,000만 원) 한도 내에서 청구할 수 있습니다.

이 제도가 사회적 논란이 된 건 공개된 의원들의 수당 내역을 유권자들이 도저히 납득할 수 없었기 때문입니다. 지역구 자택과 런던 주택에 대해 이중으로 수당을 청구하는가 하면 한 해 동안 세 번이나 이사를 다니며 그때마다 가구를 바꾸고 비용을 청구한 사례도 있었습니다. 일부

의원들은 보일러 교체비를 비롯해 정원 관리비, 수영장 청소비뿐만 아니라 거울, 카펫, 화장실 솔, 전구 구입비까지 아주 꼼꼼하게 챙긴 것으로 드러났습니다. 설상가상으로 애완견 사료비와 TV 유료 성인물 시청료까지 청구한 사례가 알려지면서 유권자들의 분노는 극에 달했지요.

여야를 막론하고 정치인들 646명이 연루된 '세비 스캔들'의 여파는 무척 컸습니다. 하원 의장이 사임을 선언하는 등 스무 명이 넘는 의원과 각료들이 사퇴하거나 다음 총선에서 출마하길 포기했습니다. 영국에서 종신직으로 여겨지는 하원 의장이 임기 중에 물러난 건 1695년 이후 무려 314년 만의 일이었습니다.

탐사 전문 저널리스트 헤더 브룩

영국 정치사에 일대 파란을 몰고 온 스캔들은 한 시민의 정보공개 청구에서 시작됐습니다. 기자 출신의 미국 여성 헤더 브룩이 그 주인공입니다. 브룩은 미국 워싱턴과 사우스캐롤라이나 주에서 기자 생활을 했는데 당시에도 **정보공개제도**를 이용해 의원들의 지출 내역을 파헤친 전력이 있지요. 그는 1997년 문학 공부를 위해 영국으로 건너갔다가 영국 정치인들이 주택 수당 등을 아무런 거리낌 없이 청구하는 모습에 놀랐다고 합니다.

탐사 전문 저널리스트로서 브룩은 2004년부터 의회에 의원들의 수당을 시민들에게 공개할 것을 요청했습니다. 하지만 영국 의회는 의원들에게도 사생활의 자유가 있다며 그의 요구를 4년간이나 묵살했지요. 브룩 역시 법원에 정보공개 소송을 내며 물러서지 않았고요. 시간이 흐르면서 몇몇 언론이 그의 외로운 투쟁에 합류했습니다.

2008년 마침내 영국 법원은 의회에 의원들이 비용으로 청구한 영수증 자료를 공개할 것을 명령했습니다. 그리고 법원이 지정한 자료 공개일이 채 다가오기도 전에 〈데일리 텔레그래프〉와 〈가디언〉 등 몇몇 언론에서 의회의 내부 제보자들을 통해 자료를 입수해 기사를 쓰기 시작했습니다. 곧 영국 유권자들은 극심한 허탈감과 분노에 휩싸였지요. 세비 스캔들로 숱한 의원들이 정치 인생을 마감해야 했습니다. 비교적 문제가 적어 살아남은 의원들도 그간 받았던 수당 가운데 논란의 여지가 있는

헤더 브룩은 자신의 저서 《당신의 알 권리》에서 정보공개제도와 시민의 알 권리에 대해 썼다. 정부 등 공공 기관에 정보를 요청하는 과정에서 겪은 갖가지 어려움을 간결한 어조로 표현했다.

부분을 찾아 자진 반납했습니다.

우리나라의 경우

우리나라 선거관리위원회는 국회의원들이 정치 활동을 위해 숙소를 빌려 쓸 경우 그 비용을 정치 자금에서 지출할 수 있도록 허용하고 있습니다. 하지만 이와 관련해 어떠한 감시나 제한 규정도 두고 있지 않답니다. 2009년 영국 의회의 세비 스캔들은 별도의 독립된 감시 기구 없이 의원들의 자발적인 양심에만 의지하다가 초래한 일인데요. 국회의원들의 양심에만 의존하는 우리 역시 지금 아무런 문제가 없다고 장담할 수 있을까요?

찬성 VS 반대

정보공개제도가 도입되면서 사람들은 점차 남의 일에 지나치게 관심을 두기 시작했다. 의원들이 청구하는 추가 경비 수당과 같은 정보를 알려는 시도가 그렇다. 이는 대단히 사적인 정보를 요구하는 것이다. 의원들이 사는 집의 정문을 유유히 통과하여 그 안으로 걸어 들어가려는 격이나 다름없다.

– 영국 하원 자유민주당 의원 닉 하비

정보공개제도를 만든 건 의원들 자신이면서 정작 본인들은 그 법의 적용 대상에서 빠져나가려고 하고 있다. 위선도 그런 위선은 없다.

– 영국 하원 노동당 의원 데이비드 위닉

정보의 자유란 무엇일까요?

오늘날 정보의 자유라는 표현은 보다 구체적인 상황에서 사용되는데, 대개 정부가 보유 중인 정보에 접근할 시민의 권리를 뜻합니다. 이미 세계 여러 나라에서 정보공개에 관한 법을 제정했거나 제정 중에 있어요. 정부가 보유 중인 정보에 대해 시민들이 어떤 권리를 가지는지, 이런 시민의 권리를 보장하기 위해 정부에게 어떤 책임과 의무가 있는지 명시돼 있지요.

'정보의 자유'라는 표현은 여러 가지 의미로 해석할 수 있습니다. 가장 넓게는 누구나 원하는 정보를 쉽고 자유롭게 얻을 수 있어야 한다는 뜻입니다. 지식도 일종의 정보라고 본다면 교육권이나 학습권도 정보의 자유에 포함되겠네요. 하지만 모두가 모든 정보에 똑같이 접근하는 게 꼭 바람직한 일은 아닐 수 있습니다. 예컨대 허락 없이 타인의 금융 정보나 의료 기록을 열람하는 것은 심각한 **사생활** 침해에 해당하지요.

오늘날 정보의 자유라는 표현은 보다 구체적인 상황에서 사용되는데, 대개 정부가 보유 중인 정보에 접근할 시민의 권리를 뜻합니다. 이미 세계 여러 나라에서 정보공개에 관한 법을 제정했거나 제정 중에 있어요. 정부가 보유 중인 정보에 대해 시민들이 어떤 권리를 가지는지, 이런 시민의 권리를 보장하기 위해 정부에게 어떤 책임과 의무가 있는지 명시돼 있지요.

시민의 알 권리

민주주의 사회에서 시민들은 정부가 보유 중인 정보에 대해 알 권리가 있습니다. 시민들의 투표로 정부 관리가 선출되고 시민들이 낸 세금으로

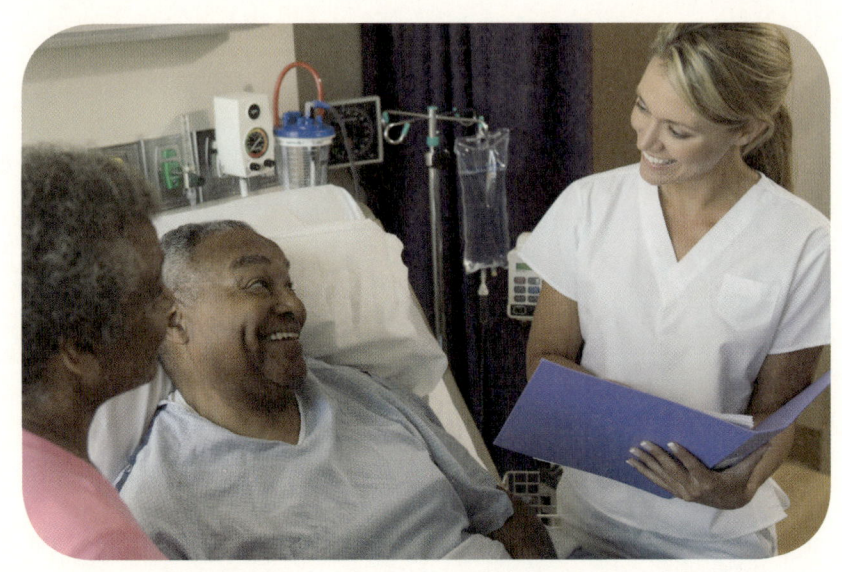

유행성 돼지 독감을 예방하는 데 정부는 얼마나 많은 돈을 썼을까? BBC는 정보공개제도를 근거로 영국 정부에 자료를 요청했지만 거절당했고 법원에 소송을 내서야 관련 정보를 얻을 수 있었다. BBC에 따르면 영국 보건 당국은 2010년 4월까지 백신을 구입하는 데 2억 3,900만 파운드(약 3,900억 원)를 집행했다. 하지만 정부의 수요 예측은 빗나가 막대한 예산을 들여 구입한 백신은 재고만 잔뜩 남기고 말았다.

정부 시스템이 유지되기 때문이지요. 민주주의 사회에서 시민들은 공공 서비스의 생산 과정과 거기에 들어가는 비용, 혜택을 받는 대상에 대해 알 권리가 있습니다. 정보공개를 통해 시민들은 자신이 낸 세금이 올바로 쓰이는지, 공무원들이 권한을 남용하고 있지는 않은지 알 수 있습니다.

정보공개제도는 대체로 정부가 가지고 있는 정보에만 적용됩니다. 다만 금융, 교통, 물류, 통신 등 일부 영역에선 해당 분야의 전문성을 가진 기업이 정부를 대신해 공공 서비스를 제공하는 경우가 있습니다. 이런 기업들은 대개 정부가 지분을 보유해 운영하는 공기업인 경우가 많지요.

정부의 예산은 시민들이 낸 세금으로 조성되는 만큼 공기업도 결국 시민의 것입니다. 시민들이 누려야 할 **알 권리**의 범위에는 이런 공기업들이 가지고 있는 정보도 포함됩니다.

미국은 10년에 한 번씩 인구 조사를 실시한다. 정부는 매우 다양한 영역에서 시민들의 개인 정보를 수집한다. 이렇게 수집된 개인 정보는 철저히 기밀로 보호된다.

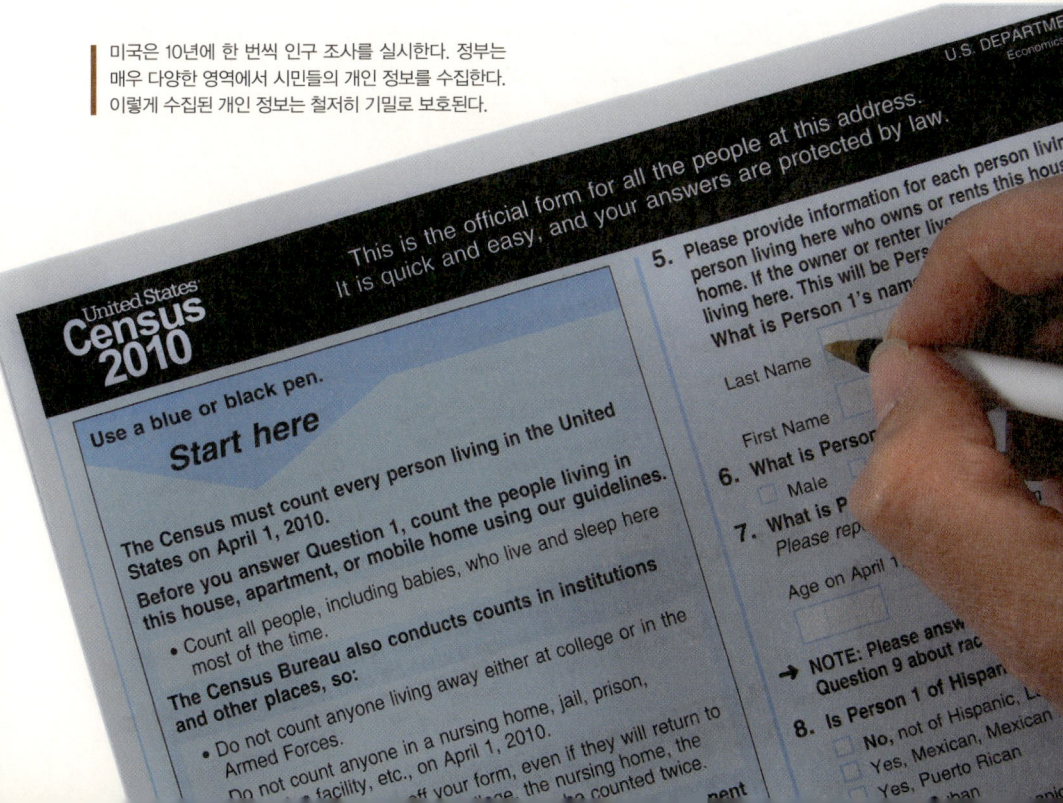

정보공개제도의 선구자 스웨덴

정보공개법이 처음 도입된 게 무려 250년 전이라는 사실을 알면 놀랄 사람들이 많을 것입니다. 1766년 스웨덴 정부는 모든 시민들이 정부가 보유한 문서를 열람할 수 있도록 보장하는 법을 통과시켰지요. 이 법은 '정보 열람의 원칙'이라는 이름으로 널리 알려져 있습니다.

18세기 스웨덴 사회는 같은 시기의 다른 나라들에 비해 민주적인 색채가 무척 강했습니다. 왕은 있었지만 권력을 행사할 수 있는 범위는 제한적이었지요. 정당들은 정치 활동의 자유를 누렸고 그런 정당들로 구성된 의회가 나라를 통치했지요. 낮은 문맹률 덕분에 시민들의 교육 수준과 사회의식 수준도 높았습니다.

당시 스웨덴 정치권은 정권 교체 과정에서 새 정부가 과거 정부의 자료를 쉽게 열람할 수 있도록 정보공개법을 도입했습니다. 하지만 시간이 흐

찬성 VS 반대

미국 시민들은 정부가 무슨 일을 하는지 알아야 한다. 이를 가로막는 장애물은 모두 없어져야 한다.

– 미국 하원 민주당 의원 존 모스

모두가 모든 정보를 알아야 한다는 주장은 쓸데없이 호기심만 많은 사람들에게나 좋은 일이다. 정보공개 청구에 응하는 과정에서 각 정부 기관들의 업무 부담만 엄청나게 늘어났다.

– 미국 예산국 부국장 필립 휴즈

르면서 이 법은 제정자들의 원래 의도보다 훨씬 더 쓰임새가 넓어졌지요. 정부가 시민들을 법에 따라 평등하고 공정하게 대하는지 감시하는 데 쓰이기 시작한 것입니다.

정보공개법 확대의 역사

프랑스 인권 선언에서도 정보의 자유와 관련된 흔적을 찾아볼 수 있습니다. 1789년 작성된 이 유명한 선언은 "사회는 공직자에게 행정에 관한 보고를 요구할 수 있는 권리를 가진다."라고 밝히고 있지요. 하지만 이런 권리를 실행할 수 있는 구체적인 이행 지침은 따로 명시돼 있지 않았습니다. 인권 선언은 글자 그대로 선언적인 의미만 있었지요.

국제연합(UN) 창설의 이론적 근거가 된 **세계 인권 선언**은 정보의 자유를 표현의 자유와 연관시켰습니다. 세계 인권 선언은 제19조에서 "모든 사람은 자신의 의견을 말할 자유와 표현의 자유를 누린다. 여기에는 누구의 간섭도 받지 않고 국경에 상관

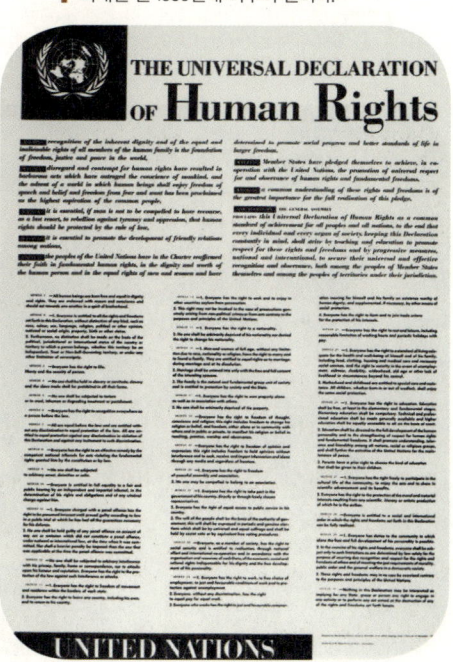

세계 인권 선언에는 48개 국가가 서명했다. 하지만 이 안에도 정보의 자유가 따로 명시돼 있진 않다. 정보공개에 대한 인식이 널리 확대된 건 1950년대 이후의 일이다.

없이 원하는 매체를 통해 자신의 의견을 퍼뜨릴 자유를 포함한다."라고 밝히고 있지요. 그러나 이 선언 역시 시민들이 정부를 상대로 정보를 요구할 권리에 대해서는 따로 언급하고 있지 않아요.

1950년대가 돼서야 각 나라에 정보공개법이 도입되기 시작했습니다. 핀란드가 관련 제도를 도입한 게 대표적입니다. 핀란드는 스웨덴의 이웃 국가로 아무래도 스웨덴의 영향을 받기 쉬운 위치에 있었지요. 20세기 자유 민주주의를 대표하는 나라인 미국조차 정보공개법을 도입한 건 1966년의 일입니다. 스웨덴에서 시작된 정보공개의 물결이 전 세계적으로 확대되는 데는 아주 긴 시간이 필요했지요.

대통령에 취임하고 바로 다음 날이었던 2009년 1월 21일 버락 오바마 대통령은 21세기에 맞게끔 개정된 정보공개법에 서명했다. 미국의 정보공개법은 1966년에 제정돼 1974년과 1996년에 각각 한 차례씩 개정된 바 있다.

워터게이트 사건과 정보공개제도의 확산

미국 의회에서 정보공개법이 통과되는 데는 언론의 **로비**도 한몫했습니다. 정부를 상대로 자료를 얻느라 고생하기는 미국 언론들이라고 별반 다르지 않았거든요. 미국의 정보공개법은 통과되고 나서 불과 6년 뒤에 그 가치를 입증하게 되는데, 바로 유명한 워터게이트(Watergate) 사건을 통해서입니다.

워터게이트 사건이란 미국 민주당 전국위원회가 입주한 워싱턴 D.C.의 워터게이트 빌딩에 십수 명의 괴한이 잠입했다가 체포된 일을 말합니다. 괴한들은 민주당이 쓰던 사무실에 도청 장치를 설치하려다 발각됐습니다.

이 사건이 일파만파로 확대된 건 이들 중 상당수가 민주당의 상대 당이었던 닉슨 대통령의 공화당 소속이었단 게 밝혀지면서부터입니다. 이 특종을 세상에 알린 이가 〈워싱턴 포스트〉 기자 칼 번스타인과 밥 우드워드였지요. 야당에 대한 도청 시도를 대통령이 지시했는지 여부가 정치 쟁점이 됐고, 이 사건으로 닉슨은 1972년 재선에 성공하고도 두 해 뒤에 사임하게 됩니다.

워터게이트 사건으로 정보공개법은 그 필요성을 입증했지만 동시에 법의 현실적 한계가 드러나기도 했습니다. 예컨대 사건의 진상을 밝혀 줄 백악관 녹취록을 공개하는 데 어려움이 컸거든요. 그래서 1974년 미국은 정부에 보다 더 강력하게 정보공개의 책임을 지우는 방향으로 법을 개정했지요. 1996년에 정보공개법은 한 차례 더 개정됐습니다. 이때의 개정은 전자 메일과 같은 새로운 형태의 정보를 정보공개법의 적용 대상에 포함시키는 게 주된 목적이었습니다.

미국의 정보공개제도는 세계의 여러 나라에 지대한 영향을 주었습니다. 많은 나라들이 미국의 정보공개법을 참고해 자국의 정보공개제도를 만들었습니다. 민주주의의 수준이 높고 **언론**의 자유가 보장되고 시민 단

| 1974년 8월 8일은 닉슨 대통령의 사임일이다. 그의 사임에는 정보공개법을 십분 활용한 언론의
| 역할이 컸다.

체의 활동이 활발한 나라들일수록 제도 도입이 빨랐습니다. 하지만 최근에는 과거 권위주의적 통치가 자행됐던 나라에서도 정보공개의 물결이 확산되는 추세입니다. 그런 나라들일수록 시민들은 과거 정부가 자신들의 삶을 어떻게 감시했고 기록했는지 알고 싶어 합니다. 당연히 정보공개 청구도 훨씬 더 빈번하지요.

슈타지가 독일 국민들에게 남긴 교훈

동독으로 더 잘 알려진 옛 독일 민주공화국에는 '슈타지'라는 비밀경찰이 있었습니다. 이들은 시민들의 사생활을 상세히 기록한 광범위한 자료를 남겼지요. 슈타지는 시민들의 사생활 정보를 모으기 위해 나라 곳곳에 스파이를 심어 두었어요. 스파이라고 하니 대단한 것 같지만, 사실 그들 대부분은 비밀경찰의 협박에 눌려 가족, 친구, 이웃을 감시해야 했던 평범한 사람들이었습니다.

슈타지는 그렇게 엄청난 양의 사생활 자료를 확보했는데, 그중에는 부정확하거나 한쪽으로 치우친 정보도 많았어요. 그리고 감시당하는 이에 관한 정보뿐만 아니라 감시하는 이에 대한 정보도 있었지요.

1989년 동독 정부는 평화적인 혁명으로 전복됐습니다. 세상이 바뀌자 슈타지는 향후 자신들에게 불리할 만한 자료들을 폐기하기 시작했습니다. 새 정부는 비밀경찰의 시도를 저지했고 점진적으로 이들 정보를 시민들이 열람할 수 있도록 했지요. 슈타지의 기록을 읽은 시민들은 대부분 크나큰 충격에 빠졌습니다. 가족이나 친구들에게서 감시당하며 살아왔다는 사실을 알게 됐기 때문이에요. 많은 이들이 학교에 들어가거나

동독의 비밀경찰 슈타지가 모은 수천 개의 시민 정보 파일들. 이들 정보의 대부분은 자신의 이웃을 감시해야 했던 사람들이 만든 것이다.

취업할 때 자신도 모르게 불이익을 받았다는 사실을 알게 됐지요.

슈타지의 파일을 읽으며 독일인들은 정보의 자유가 얼마나 소중한지 깨닫게 됐습니다. 정보의 자유는 시민의 자유와 **인권** 보호를 위해 꼭 필요한 것입니다. 하지만 이러한 역사적 교훈에도 2005년이 돼서야 독일은 완전한 형태의 정보공개제도를 가질 수 있었답니다.

간추려 보기

- 정보의 자유는 정부가 보유한 정보에 시민들이 접근할 권리를 뜻한다.
- 1766년 스웨덴은 세계 최초로 정보공개제도를 도입했다.
- 미국 의회는 1966년 정보공개법을 제정했다.

2

CHAPTER

정보공개제도

정보공개제도는 시민들의 정부에 대한 알 권리를 보장하기 위해 만든 장치입니다. 교육, 납세, 보건, 치안, 통신 등 여러 분야에서 정보공개를 청구할 수 있습니다. 하지만 국가 안보와 같이 민감한 분야에도 적용해야 하는지, 행정 낭비가 발생하는 건 아닌지, 공무원들의 개인 정보는 어느 정도 공개해야 할지와 관련해 다소 논란이 있습니다.

정보 공개제도는 시민들의 정부에 대한 알 권리를 보장하기 위해 만든 장치입니다. 교육, 납세, 보건, 주택, 치안, 통신 등 여러 분야에서 정보공개를 청구할 수 있습니다. 하지만 국가 안보와 같이 민감한 분야에도 적용해야 하는지, 행정 낭비가 발생하는 건 아닌지, 공무원들의 개인 정보는 어느 정도 공개해야 할지와 관련해 다소 논란이 있습니다.

정보공개제도의 적용 범위

거의 모든 나라에서 정보공개제도는 정부가 보유한 공공 정보에 한해 적용됩니다. 다만 공공 정보를 정의하는 데 사람들마다 생각의 차이가 있습니다. 시민들의 주민 등록 번호와 같은 정보는 공공 정보가 아니며 따라서 적용 대상도 아닙니다. 공무원에 관한 정보라도 사생활에 관한 내용이라면 역시 공개 대상이 아니지요. 문제는 개별적인 사례에 들어가면 명백히 사생활에 포함되는지 여부를 판단하기 어려운 게 많아 논란이 발생하게 됩니다.

정보공개제도는 국회나 대법원 같은 거대한 중앙 조직에서 경찰서나 동사무소 같은 일선 행정 조직에 이르기까지 모두 적용됩니다. 오늘날 대부분의 국가에서 정부의 역할이 중요해지다 보니 아무리 작은 나라라도 정보공개제도가 적용되는 기관이 수천 개가 넘습니다. 영국의 경우 10만 개가 넘는 기관이 정보공개법의 적용을 받습니다. 미국에서는 정보공개법의 적용 대상이 되는 공공 기관의 수가 자그마치 수백만 개나 되지요.

정보공개 대상에서 제외되는 정부 자료도 있습니다. 가령 군사나 안보 분야는 정부가 자료를 공개하지 않는 게 공공의 이익에 더 부합한다는 의견이 많습니다. 그래서 종종 정보공개 청구가 거부되거나 거부되지는 않더라도 답변이 늦어지거나 청구한 자료의 일부만 받는 경우가 있지요. 이런 결정에 불만이 있는 시민들은 법원에 공개 명령을 요청할 수도 있습니다.

버지니아 주 랭글리에 있는 미국 중앙정보부(CIA) 본부. CIA도 다른 정부 기관처럼 정보공개법의 적용을 받는다. 하지만 이들은 요청받은 자료를 늦게 주거나 아예 공개하길 거부하는 경우가 많다.

정보공개의 편익과 비용

정보공개제도를 이용하여 시민들은 다양한 정보를 청구할 수 있습니다. 정부 통계, 정책 결정 시의 의사록, 회계 자료 등 많은 종류의 정보를 얻을 수 있지요. 개인, 시민 단체, 언론, 정당 등 모두가 정보공개를 청구할 수 있습니다.

정보공개 청구에는 실제적인 가치가 발생해야 합니다. 정보공개 서비스는 그냥 얻어지는 게 아니며 공무원들의 노동력이 소요되는 일이니까요. 별다른 가치가 없는 일에 행정 서비스를 낭비할 수는 없습니다.

그래서 요청하는 정보가 이미 공중에 널리 퍼진 일반적인 내용이라면 요청이 거부될 수도 있습니다. 이미 널리 알려진 정보라면 관련 기관의 웹 사이트나 정부 간행물을 검색하면 되니까요. 정보를 공개하는 데 따르는 행정 비용이 너무 커도 요청이 거부될 수 있습니다. 정보를 공개하는 데 공무원들이 들이는 수고가 너무 크다면 정보공개의 편익과 비용을 고려해 요청을 거부하는 것이지요.

대부분의 국가에서 청구 수수료는 받지 않습니다. 정보의 자유는 시

알아두기

정부 정책 전반에 걸쳐 정보공개제도가 적용된다. 교육, 과세, 대중교통, 보건, 안보, 주택, 치안, 통신 등 모든 분야에서 그렇다. 정보공개는 정책뿐만 아니라 공무원들에게도 적용된다. 국회의원처럼 투표로 뽑힌 선출직 공무원과 임명직 공무원 모두가 적용 대상이다.

2010년 영국에서 중등학교 출석 실태에 관한 정보가 공개된 바 있다. 자료를 분석한 결과 17세 이하 학생 중 1만 2,000명에 달하는 아이들이 한 달 이상 결석 중이라는 사실이 밝혀졌다. 그중 약 1,200명은 사실상 학교를 그만둔 것으로 추정됐다. 이 같은 사실이 알려지자 많은 영국인들이 놀라움을 감추지 못했다.

민의 당연한 권리니까요. 하지만 정보의 종류나 정보공개를 요청하는 기관에 따라 비용을 요구하는 경우도 있습니다. 자료 우송에 드는 우편 비용 등은 실비 변상의 범위 안에서 청구인의 부담이 될 수도 있지요.

정보의 자유와 사생활 침해

정보의 자유가 있다고 해서 누구나 모든 정보를 얻을 수 있다는 말은 아닙니다. 특히 공공 정보와 개인의 사생활 정보가 겹치는 경우 그렇습니다. 이런 경우 각 나라마다 대처하는 방식이 조금씩 다릅니다.

세계 최초로 정보공개법을 도입한 바 있는 스웨덴은 오늘날에도 정보공개의 수준이 가장 높은 나라 중 하나입니다. 가령 스웨덴에서는 개인의 소득 신고 내역을 당사자가 아니어도 열람할 수 있어요. 스웨덴 정부는 매년 모든 시민들의 소득 및 자산 규모, 납세 내역을 전화번호부처럼 생긴 '세금 달력'이라는 두꺼운 책자를 통해 일반에 공개하고 있습니다. 아래는 이 책자의 안내 문구입니다.

- 당신의 봉급을 다른 사람들의 것과 비교해 보세요.
- 곧 연봉 협상 시즌이군요. 이 책으로 당신의 동료가 얼마나 버는지 알 수 있습니다.
- 새 직장을 얻으셨나요? 이 책은 당신이 연봉을 얼마나 받아야 할지 알려 줍니다.
- 이 책을 통해 당신의 이웃사촌이 얼마나 버는지 확인할 수 있습니다.

일견 살벌해 보이기까지 하는 스웨덴의 정보공개제도는 탈세를 막기 위한 장치입니다. 시민들의 상호 감시를 통해 복지 국가의 최대 적인 무임 승차자를 가려내려는 것이지요. 스웨덴 사람들은 공동체의 일원으로서 의무를 다하는지 서로가 확인하는 건 사생활 침해가 아니며 시민의 당연한 의무이자 권리라고 생각합니다. 스웨덴뿐만 아니라 핀란드와 노르웨이에서도 비슷한 제도를 운영 중이지요. 북유럽이 자랑하는 세계 최고 수준의 복지는 그냥 이뤄지는 게 아니랍니다.

하지만 북유럽의 정보공개제도는 매우 예외적인 경우입니다. 세계 대부분의 나라에서 이런 민감한 **개인 정보**는 오직 당사자와 세무 당국만 공유합니다. 우리나라 역시 개인의 납세 정보는 철저히 비공개하고 있습니다. 우리의 국세기본법(國稅基本法)은 과세 정보를 타인에게 제공·누설하거나 과세 목적 외의 용도로 사용해서는 안 된다고 분명히 못 박고 있습니다.

정보공개제도가 공무원들의 권익을 침해할까?

정보공개제도는 시행 과정에서 이런저런 비판이 숱하게 제기됐습니다. 대표적인 게 정보가 공개되는 과정에서 공무원들의 개인 정보도 함께 노출된다는 겁니다. 관련 공무원들의 이름이 좋은 예입니다. 그래서 기록이 공개될 때면 관련 공무원들의 이름이 지워진 채 공개됩니다. 언론 보도를 보

사례탐구 미국 일리노이 주의 정보공개법

정보공개제도와 공무원들이 개인 정보를 보호받을 권리는 서로 어떻게 충돌할까? 2009년 미국 일리노이 주는 정보공개법을 개정하기로 했다. 개정된 법은 "고위 공무원의 공무 관련 정보를 공개하는 것은 개인의 사생활 침해로 간주하지 않는다."라고 명시했다.

문제는 공무 관련 정보에 공무원들의 이름은 물론 보수와 직무 능력 평가 결과까지도 포함했다는 것이다. 곧바로 공무원 노동조합에서 직무 평가 정보까지 공개하는 건 심각한 사생활 침해라며 반발했다. 그 결과 교직원과 사법·치안 기관 소속 공무원들은 법 적용 대상에서 제외됐다.

이에 대해 법 개정을 지지했던 시민들은 직무 평가 자료가 공개돼야 공무원들이 자격은 갖췄는지 일할 능력은 있는지 알 수 있으며, 공무원의 보수는 시민이 내는 세금에서 나온다는 점에서 이는 당연한 시민의 알 권리라고 주장했다. 교직원과 경찰이 적용 대상에서 제외된 것을 두고도 특정 분야 공무원들이 특혜를 누리고 있다는 등 비판이 많았다.

월급 명세서나 직무 능력 평가와 같은 자료는 지극히 개인적인 정보다. 공무원의 경우라 하더라도 다르지 않다. 공무원의 보수처럼 개인 정보와 공공 정보의 성격이 중첩되는 경우 정보공개제도의 적용 대상이 될 수 있을까?

면 가끔씩 검은색 띠로 몇몇 글자를 가린 문서를 접할 수 있을 겁니다.

많은 시민들이 이런 **검열**이 너무 빈번하게 일어난다고 생각합니다. 공무원들의 개인 정보를 지켜 주는 것도 중요하지만, 이런 사전 검열이 실패한 정책 결정 과정을 감추는 데 악용된다는 것입니다. 책임을 져야 하는 위치에 있는 고위 공무원들이 개인 정보 보호라는 방패 뒤에 숨어서는 안 된다고 주장하지요.

정보공개를 통해 정책 결정 과정이 대중에 노출되는 데도 찬반양론이 있습니다. 몇몇 공무원들은 소신을 갖고 정책을 만들기가 점점 더 어려워지고 있다고 주장합니다. 세금 인상처럼 국가 운영에 꼭 필요하지만 대중에게는 인기 없는 정책을 위해 누가 총대를 메겠느냐는 것입니다. 특히 선출직 공무원들은 이런 문제에 몸을 사리는 게 현실입니다. 정보공개제도가 많은 나라에서 도입됐지만 공무원들은 곧 규제를 피할 방법을 찾아냈습니다. 처음부터 사적인 자리에서 만나거나 문서 없이 구두로만 의사소통하는 것이지요. 비밀리에 관련 기록을 파기하기도 한답니다.

찬성 VS 반대

영국도 스웨덴처럼 개인의 소득 및 납세 내역까지 정보공개의 대상에 포함해야 한다.

– 영국 신문 〈가디언〉에 보낸 마이클 에건의 편지

정보공개제도의 적용 범위를 정할 땐 누군가의 사생활이 침해되진 않는지 세심히 주의를 기울여야 한다. 어떤 정신 나간 이가 기획부 존 스미스의 월급이 얼마냐고 묻는다고 해서 우리가 그런 질문에 답해선 안 된다는 얘기다. 그것은 존 스미스의 사생활을 침해하는 일이기 때문이다.

– 영국 브래드포드 시의회 의원 이안 그린우드

간추려 보기

- 광범위한 정부 조직들이 정보공개제도의 적용을 받는다.
- 정보공개제도와 공무원들이 개인 정보를 보호받을 권리는 이따금씩 충돌할 수 있다.
- 정보공개제도를 처음 시행한 스웨덴은 오늘날에도 공개 수준이 가장 높은 나라 중 하나다. 스웨덴에서는 개인의 소득 신고 내역을 당사자가 아니어도 열람할 수 있다.

정보공개에 대한 찬반 논쟁

시민들은 유권자와 납세자로서 정부의 일에 대해 알 권리가 있습니다. 시민들의 투표로 정부의 고위 공무원들이 선출되고 정부는 시민들이 낸 세금으로 운영되니까요. 하지만 시민들의 알 권리를 보장하기 위해 정부가 치러야 하는 비용이 너무 많다는 반론도 만만 치 않습니다.

시민들은 유권자와 납세자로서 정부의 일에 대해 알 권리가 있습니다. 시민들의 투표로 정부의 고위 공무원들이 선출되고 정부는 시민들이 낸 세금으로 운영되니까요. 하지만 시민들의 알 권리를 보장하기 위해 정부가 치러야 하는 비용이 너무 많다는 반론도 만만치 않습니다.

버락 오바마 미국 대통령이 장관들과 함께 각료 회의를 하고 있다. 각료 회의에서 논의되는 사안들 중엔 기밀 사항도 많다. 이런 중요한 회의의 내용이 대중에게 공개되는 게 바람직할까?

정보공개는 민주주의의 보루다

정보의 자유를 투표의 자유, 표현의 자유, 언론의 자유 등과 함께 현대 민주주의를 떠받치는 중요한 보루라고 여기는 사람들이 많습니다. 이들은 오늘날 정보공개제도가 확산된 덕에 정부가 무슨 일을 하는지 시민들이 쉽게 알 수 있게 됐다고 주장합니다. 정보공개제도가 없었다면 정부는 예전처럼 폐쇄적인 태도로 아무런 책임을 지지 않으려 했을 거라는 말이지요. 이들은 정부가 시민들과는 한마디 상의도 없이 비밀리에 의사 결정을 내리려 할 거라고 주장해요.

정보공개는 정부 실패를 방지한다

정부의 의사 결정 과정은 왜 그리도 비밀스럽고 폐쇄적인 걸까요? 다국적 기업이나 정부처럼 거대한 규모의 조직에선 폐쇄주의가 자연스레 싹튼다고 말하는 학자들도 있습니다. 만약 그렇다면 정보공개제도는 정부가 폐쇄주의라는 덫에 빠져 실패하지 않도록 견제하는 일종의 안전장치 역할을 하는 셈입니다. 정보공개제도가 단순히 시민들의 알 권리를 보장하는 차원을 넘어 이른바 '**정부 실패**'를 방지하는 역할을 한다는 것이지요.

정부가 치르는 비용은 누가 보상하나?

하지만 정보공개제도를 못마땅하게 여기는 사람들도 많습니다. 그들은 정보공개의 효과에 비해 비용이 너무 크다고 주장합니다. 이들은 정보공개 때문에 정부가 치러야 하는 인력적, 재정적 낭비에 주목합니다.

정보의 자유를 찬양하는 건 쉽지만 정작 그런 서비스를 제공해야 하는 공공 기관 입장에선 현실적인 문제가 한두 개가 아니라는 얘기지요.

제도 정비와 공무원 교육 비용

새로운 제도가 도입되면 정부는 실무 지침을 정하고 법을 집행할 기관도 만들어야 합니다. 전국의 모든 공공 기관에 새 제도의 시행을 알리고 담당 공무원들을 다시 교육하는 일도 필수적입니다. 새 제도를 시민들에게 홍보하는 일도 당연히 정부의 몫이지요. 이런 일 하나하나에 모두 공무원들의 노동력이 들어가는 건 두말할 나위가 없습니다.

토니 블레어는 1997년부터 2007년까지 10년간 영국의 총리를 지냈다. 블레어 정부는 2000년 정보공개법을 도입했다. 하지만 초기의 민주적인 모습과는 달리 블레어는 훗날 이 법을 통과시킨 것을 후회했다. 총리로서 일하는 데 별 도움이 되지 않았다는 것이다. 이에 블레어의 정적들은 그가 총리를 오래 하다 보니 공무원들의 폐쇄적인 관행에 젖어 든 것이라며 비판했다.

정보공개에 따른 행정력 낭비

정보공개제도가 야기하는 낭비는 법이 시행되기 시작한 뒤 더욱 심각해진다고 비판자들은 주장합니다. 공무원들이 중요한 일을 제쳐 두고 물밀듯이 들어오는 정보공개 업무에 매달려야 한다는 것이지요. 그중에는 별로 중요하지 않거나 청구인 외에는 아무도 관심을 갖지 않을 법한 것도 있어요. 청구하는 자료가 오래전의 문서인 경우 색인을 만드는 기준이 지금과 달라 공무원들이 문서 창고에서 하염없이 시간을 보내야 할 수도 있습니다. 몇몇 악의적인 이들은 비슷한 정보를 반복해 요구하거나 쓸데없는 통계 자료만 잔뜩 모아 달라는 경우도 있지요. 이렇게 행정력 낭비가 심각해지면 아예 정보공개만을 담당할 인력을 따로 투입해야 합니다.

찬성 VS 반대

우리가 집권하면 정보공개법을 제정할 것이다. 오늘 밤 이 자리에서 그 사실을 다시 한 번 확인하고 싶다. 우리는 정부 활동을 둘러싸고 불필요하게 비밀을 만들 이유를 느끼지 못한다. 비밀을 유지할 만한 합당한 이유가 없는 한 노동당 정부의 정보는 시민들에게 공개될 것이다.

– 1996년 당시 야당이었던 노동당 대표 토니 블레어

우리가 집권했을 때 저지른 최악의 실수는 정보공개법을 도입한 것이었다. 그 법은 정부의 일을 하는 데 있어서 정말 아무런 도움이 되지 않았다.

– 2010년 전(前) 영국 총리 토니 블레어

정보공개제도를 둘러싸고 비용 논쟁이 거세다. 몇몇 사람들은 소중한 나랏돈을 들일 만큼 정보공개가 가치 있는 일인지 의문을 제기한다.

의사 결정의 지체

종종 정부가 신속하게 판단하고 의사 결정을 내려야 하는 상황이 있습니다. 하지만 정보공개제도는 정부가 갖는 모든 회의와 보고 과정을 상세히 기록할 것을 요구합니다. 그래야 공개할 자료가 확보될 테니까요. 공무원들이 이러한 기록 절차에 매달려야 한다면 분명 더 많은 시간과 자원이 소요될 것입니다. 그만큼 의사 결정도 늦어지겠지요.

행정 비용이 정말로 부담스러운 수준일까?

정보공개 청구 때문에 정부가 고생하는 건 맞지만 그 비용이 지나치게 과장됐다고 보는 시각도 있습니다. 이들은 비용의 대부분이 제도 도입 초기에 발생한다고 주장합니다. 새로 조직을 만들고 공무원들이 변화에 적응할 때 드는 유·무형의 비용을 말하지요. 하지만 이는 비단 정보공개제도에서만 발생하는 건 아니며 새로운 제도가 도입될 때면 으레 정부가 치르는 비용이라고 주장합니다. 그러므로 정보공개제도만 문제 삼는 건 공정하지 않다고 반박하지요.

더구나 공무원들이 자료를 정리하고 통계를 수집하는 건 평시에도 정기적으로 하는 일인데, 정보공개 때문에 업무에 지장을 받는다는 건 애초 공개 청구에 협조할 의사가 없기 때문이 아니냐는 비판도 있습니다. 문제는 정부의 폐쇄적 관행이지 정보공개에 따르는 비용이 아니라는 것이지요. 정보의 자유를 옹호하는 이들은 정보공개가 가져다주는 실제적 가치는 돈으로 환산할 수 없다고 주장합니다. 정부와 시민 사이에 형성되는 신뢰는 무엇과도 바꿀 수 없는 사회적 자산이니까요.

정보공개가 정부 신뢰에 미치는 영향

시민들이 정부를 믿지 못하는 나라들이 있습니다. 정치인들은 입만 열면 거짓말을 하고 부패했다는 말을 얼마나 자주 듣나요? 공무원들은 게으르고 하는 일은 없는데 돈만 밝힌다는 말은 또 얼마나 많이 듣나요? 이런 말이 잦으면 잦을수록 시민들과 정부의 관계가 그만큼 소원하다는 방증입니다.

정보공개 때문에 가뜩이나 낮은 정부에 대한 신뢰가 더 낮아졌다며 우려하는 목소리가 있습니다. 몇몇 선정적인 언론들이 정보공개를 통해 확보한 자료를 근거로 정부가 무능하거나 공무원들이 사치스럽다는 인

사례탐구 민간 기업과 정보공개법

BC 페리스는 캐나다 서부 해안을 잇는 노선을 가진 여객선 회사다. BC 페리스는 본래 정부 소유의 공기업이어서 브리티시컬럼비아 주의 정보공개법의 적용을 받았다. 공기업 시절 BC 페리스는 시민들의 정보 요청에 성실히 응하는 회사였다. 하지만 2003년 개인 투자자에게 매각되면서 BC 페리스는 순수 민간 기업이 되었다. 당연히 정보공개법의 적용 대상에서도 제외되었다.

시민들은 이런 상황에 불만이 많았다. 회사가 민간 소유로 바뀌었지만 시민들 입장에선 여전히 핵심적인 대중교통 서비스를 제공하는 회사였기 때문이다. 시민들은 여전히 질문거리가 많았다. 인상된 요금은 무슨 근거로 책정된 걸까? 새로 바뀐 노선과 시간표는 어떤 과정을 거쳐 조정된 걸까? 사고가 나거나 날 뻔했던 경우가 제대로 기록되었을까? 그리고 그 기록을 볼 순 없을까?

수년간 지역 언론과 소비자 단체들이 끈질기게 의회에 요구한 결과 BC 페리스가 다시 정보공개법의 적용을 받게끔 법이 개정되었다. 2010년 10월부터 BC 페리스는 시민들의 정보공개 청구에 응하기 시작했다. 하지만 예전과는 달리 청구인들은 따로 청구 수수료를 부담해야 했다.

> BC 페리스의 소유권이 정부에서 민간으로 넘어가자 회사는 더는 정보공개법의 적용을 받지 않게 됐다. 하지만 시민들의 불만과 끈질긴 소비자 운동이 이어진 끝에 수년 만에 공개 대상으로 전환됐다.

상을 주는 기사를 쓴다는 것이지요. 자질이 떨어지는 공무원이나 정치인이 일부 있는 건 사실이지만 이를 지나치게 강조하는 건 정부에 대한 시민들의 신뢰만 깎아 내릴 뿐이라는 것입니다. 그런 기사로 얻는 게 무엇인지 모르겠다며 불평합니다.

하지만 정보공개제도를 옹호하는 이들은 정보의 자유야말로 민주적인 정부를 만드는 데 가장 중요한 도구라고 생각합니다. 정부가 투명해야만 시민들이 정부가 어떤 일을 잘했고 어떤 일을 못했는지 바로 알 수가 있으니까요. 잘잘못을 알아야 믿음도 생기게 되므로 정부에 대한 시민들의 신뢰는 정보공개로 약화되는 게 아니라 되레 강해질 거라고 생각합니다. 이들은 공무원 조직 특유의 폐쇄성이야말로 지금껏 정치인과 공무원들이 시민의 신뢰를 얻지 못한 가장 큰 이유라고 주장합니다.

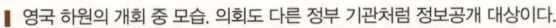
▌영국 하원의 개회 중 모습. 의회도 다른 정부 기관처럼 정보공개 대상이다.

위키리크스 사태와 정보공개

위키리크스(WikiLeaks)는 2006년 **내부 고발** 목적으로 설립된 국제적인 비영리 기관입니다. 호주 출신의 언론인 줄리안 어산지가 만들었지요. 지난 수년간 각국 정부나 기업들이 작성한 기밀문서를 일반에 공개하면서 세상의 주목을 받고 있답니다. 위키리크스는 세계 곳곳에 있는 내부 고발자들이 보내오는 정보를 모아 진위 여부를 확인한 뒤에 자신들이 운영하는 웹 사이트에 싣습니다.

2010년 위키리크스는 미국 정부가 보유 중이던 막대한 양의 기밀문서를 손에 넣었습니다. 거기에는 미군이 이라크와 아프가니스탄에서 활동한 사항과 외교관들의 통신 내역이 담겨 있었지요. 위키리크스를 통해 미군이 무고한 민간인을 사살하고 포로를 고문했다는 사실이 밝혀지자 많은 사람들이 충격에 빠졌습니다. 폭로 내역은 한동안 전 세계 신문의 머리기사를 장식했지요.

어산지와 그의 지지자들은 정보는 모든 이들에게 평등하게 주어져야 하며, 그것이 위키리크스의 존재 이유라고 주장합니다. 이들은 정보가 투명하게 공개돼야 각국의 정부들이 좀 더 책임 있는 자세를 보일 거라고 생각하지요. 미국 언론 〈타임〉은 위키리크스 모델이 "정보공개법만큼이나 기자들에게 중요한 취재 수단이 될 수 있다."라고 긍정적으로 평가한 바 있습니다.

이에 대해 각국 정부는 합당한 이유로 기밀 처리된 정보를 폭로하는 건 그야말로 무책임한 처사라고 비난합니다. 외교나 전쟁 등 국가 안보와 직결되는 사안은 공개하지 않는 편이 낫다는 것이지요. 이들은 위키

위키리크스에는 미국이 이라크와 아프가니스탄에서 치른 전쟁과 관련된 문서 수십만 건이 실려 있다. 위키리크스는 내부 고발자들의 제보를 통해 자료를 수집한다.

리크스의 무분별한 폭로로 세상은 더 투명해진 게 아니라 더 혼란스럽고 위험해졌다고 주장합니다.

정보공개가 정부 부패에 미치는 영향

많은 시민들이 정보공개를 통해 정부의 부패가 폭로되고 정화될 거라는 기대를 갖고 있습니다. 정부의 부패는 다양한 형태와 규모로 나타납니다. 도로에서 속도를 위반한 운전자가 교통경찰에게 건네는 돈에서 거대 기업이 공공 입찰을 따내려고 조성하는 천문학적인 규모의 비자금까지 모두 부패에 해당합니다. 부패가 만연한 사회에서는 공무원 쪽에서 먼저 뇌물을 요구하는 경우도 있답니다.

놀랍게도 정부의 **부정부패**를 옹호하는 사람들도 있습니다. 현실적으로 뇌물이 일을 진행하는 데 도움이 된다는 이유를 들지요. 부패가 일상이 된 국가에서는 뇌물이 마치 식당에서 종업원에게 주는 팁처럼 일상적인 업무 진행의 일부라는 것입니다. 제3세계에서 일하는 사업가들은 공무원에게 건네는 뇌물을 일종의 사업 수수료로 여기기도 한답니다. 그러나 사회가 발전하고 투명해지면서 이런 극단적인 주장에 동조하는 사람들은 점점 사라지고 있습니다.

정부가 부패하면 기업이 부담해야 할 비용이 늘어납니다. 뇌물로 지출되는 비용은 가격 상승을 통해 결국 소비자와 시민들에게 전가되지요. 사회적 신뢰 상실 역시 눈에 보이진 않지만 너무나도 치명적인 비용입니다. 규칙을 지키는 사람보다 그렇지 않은 사람이 성공하는 사회에서 사회적 믿음은 형성되기 어렵습니다. 시민들이 정부를 믿지 못하고 심지어 증오하는 사회에 미래는 없습니다.

알아두기

호주 언론 〈시드니 모닝 헤럴드〉는 정보공개 청구를 통해 확보한 자료를 근거로 국방부 고위 공무원들과 방산 업체 간의 부적절한 관계를 폭로했다. 2007년부터 2010년까지 3년에 걸쳐 방산 업체들은 국방부 관리들에게 110번도 넘게 식사를 대접하거나 영화나 축구 경기 표를 전달했다. 언론의 보도가 나가자 호주 국방부는 관련자들을 조사한 뒤 그에 상응하는 조처를 취하겠다고 발표했다.

정보공개제도가 공무원들의 부정부패를 막을 수 있을까요? 완벽하게 없앨 순 없겠지만 분명 줄일 순 있습니다. 투명한 정부라고 해서 100퍼센트 부정부패로부터 자유로운 건 아닙니다. 하지만 시민들이 정부를 향해 올바르고 적절한 질문을 던질 수 있다면 정보공개 청구로 정부의 부패와 무능을 최소화할 수 있습니다.

가령 정부가 몇몇 공무원들이 자의적으로 결정하는 수의(隨意) 계약 방식 대신 공개 경쟁 입찰 방식을 택한다면 부패는 확연히 줄어들 수 있습니다. 입찰에 참여하는 기업들로선 업체 선정 과정이 객관적이고 공개적으로 진행되는데 공무원들에게 뒷돈을 줄 이유가 없지요. 시민들은 정보공개를 통해 운전자로부터 뇌물을 받은 경찰의 수를 알 수 있습니다. 그들이 징계를 받았는지, 받았다면 어떤 내용의 징계였는지도 알 수 있

2009년 케냐 나이로비 정부 청사 주변에 '이곳은 부패 청정 지역'이라는 표지판이 세워졌다. 이런 간판을 보고 부패가 사라졌다고 케냐 시민들은 생각할까?

아직도 세계 곳곳에서 공무원들의 뇌물 수수 행위가 일어나고 있다. 정보공개 청구를 통해 공무원들의 부적절한 처신을 미리 알 수 있다면 정부의 부패를 사전에 예방할 수 있다.

지요. 그러면 정부는 시민들이 이런 사실을 모를 때보다 더 긴장할 테고 공무원들의 기강을 바로잡는 데 더 많은 노력을 기울이게 될 것입니다.

간추려 보기

- 정보공개제도를 옹호하는 이들은 투명한 정부가 더 효율적이면서도 책임 있는 모습을 보인다고 주장한다.
- 정보공개제도에 회의적인 이들은 정부가 치러야 하는 행정 비용에 주목한다. 정보공개 청구는 행정력 낭비며 정부에 대한 시민들의 신뢰만 떨어뜨릴 뿐이라고 주장한다.
- 정보공개 청구를 통해 시민들은 정부의 부정부패 양상을 파악할 수 있다. 정부가 공무원들의 비리를 줄이도록 노력하게끔 압박할 수 있다.

4
CHAPTER

정보공개제도를
누가 이용할까요?

정보공개 청구를 통해 시민들은 정부의 일상적인 업무 모습을 단편적으로나마 확인할 수
있습니다. 국가가 납세나 사회 보장 기록 같은 시민들의 개인 정보를 어떻게 관리하는지,
정보에 혹시 오류는 없는지 확인할 수도 있지요. 하지만 많은 경우 시민들보단 기업, 언
론, 시민 단체가 공개 청구의 주된 이용자들입니다. 더러는 정치인들도 공개 요청을 할
때가 있어요. 정부에 질의 사항이 있거나 선거 공약을 개발하는 데 참고하기 위해서지요.

정보 공개 청구를 통해 시민들은 정부의 일상적인 업무 모습을 단편적으로나마 확인할 수 있습니다. 국가가 납세 내역이나 사회 보장 기록 같은 시민들의 개인 정보를 어떻게 관리하는지, 정보에 혹시 오류는 없는지 확인할 수도 있지요. 하지만 많은 경우 시민

데이비드 클라크 영국 공공 서비스 장관이 정보공개법에 대한 영국 정부의 의견서를 들고 있다. 이 법은 2000년에 통과된 뒤 준비 과정을 거쳐 2005년부터 시행됐다.

들보단 기업, 언론, 시민 단체가 공개 청구의 주된 이용자들입니다. 더러는 정치인들도 공개 요청을 할 때가 있어요. 정부에 질의 사항이 있거나 선거 공약을 개발하는 데 참고하기 위해서지요.

알아두기

미국의 한 비정부 기구인 선샤인 센터(The Sunshine Center)에서 미국 정부에 대한 투명성 평가를 실시한 적이 있다. **연방** 정부 부처 29개가 조사 대상으로 전체 정보공개 청구 수 기준으로는 97%에 해당했다. 2009년을 보면 어떠한 형태로든 대답을 받은 건 전체 공개 청구 중 63%였다. 정보 청구의 대부분은 자신의 개인 기록을 열람하길 원하는 경우였다. 응답률이 높았던 기관은 연방 조달청, 인사 관리처, 사회 보장국으로 90%가 넘었다. 반면 재무, 국방, 안보 담당 부처의 응답률은 이보다 훨씬 낮았다.

정보공개제도 이용하기

자신에게 어떤 권리가 있다는 걸 막연히 아는 것과 실제로 그 권리를 이용하는 법을 아는 건 다릅니다. 정보공개제도도 그렇습니다. 정확히 어떤 정보가 필요한지, 그 정보를 정부 안의 어느 부서에 요구해야 하는지도 알아야 합니다. 정보공개 절차에 익숙하지 않다면 의외로 실수를 저지르기 쉽습니다.

사전 점검이 끝났다면 공개 청구서를 작성해 해당 부처의 담당 공무원에게 전달해야 합니다. 청구서에 원하는 바를 정확하고 공손하게 기술해 전자 메일이나 우편을 통해 보내세요. 요청서 사본을 잘 보관하고 답변을 받을 마감 일자도 빠뜨리지 말고 기록해 두세요. 답변이 늦거나 청구한 내용의 일부만 받거나 아예 청구 자체가 거부될 경우를 대비해 관련 자료를 확보하고 있어야 합니다.

답변서의 요건

정부의 답변은 그 사회에서 평균적인 교육을 받은 시민이라면 누구나 이해할 수 있어야 합니다. 가끔씩 정부의 답변서가 알 수 없는 행정 용어로 가득 차 전문가가 아닌 한 내용을 이해하기 어려운 경우가 있습니다. 이런 경우 시민들의 알 권리가 제대로 보장된다고 하기 어렵습니다.

정부는 정보공개법에서 명시한 기간 안에 청구인에게 답변해야 합니다. 법에서 답변 기간을 정한 건 정부가 정보공개를 하염없이 늦추지 못하게 강제하기 위해서지요. 답변을 받는 데 몇 달에서 심지어 몇 년까지 걸린다면 사실상 답변을 거부하는 것과 다를 바 없으니까요. 가령 우리나라의 경우 정부는 청구를 받은 날부터 원칙적으로 10일 안에 공개 여부를 결정해 청구인에게 알려야 한다고 규정하고 있습니다.

정부가 답변을 하지 않아 문제가 되는 경우가 있다면 반대로 회신하는 자료의 양이 엄청나게 많아 문제가 되는 경우도 있습니다. 회신하는 자료 안에 별 관련 없는 자료도 끼워 넣어 청구자를 애먹이는 식인데 도저히 전부 읽을 수 없는 양을 줍니다. 글자 그대로 산더미 같은 종이 뭉치를 볼 수 있는데 언론이나 정치인들이 자료를 요청하는 경우 왕왕 벌어지는 일입니다. 우리나라에서도 국정 감사 중에 국회의원들이 정부 부처에 자료를 요청할 때 간혹 볼 수 있어요. 정보공개에 대한 공공 기관의 저항은 여러분의 생각보다 훨씬 더 심각할 수 있답니다.

언론과 정보공개제도

정보공개 청구의 주된 이용자 중 하나가 언론입니다. 신문과 잡지, 라디오와 TV 같은 전통적인 매체에서 인터넷 포털, 블로그, SNS 등 비교적 근래에 등장한 매체까지 모두 언론에 포함됩니다. 정보공개제도는 특히 언론 분야 종사자들에게서 환영을 받았습니다. 정부 자료를 잘 찾다 보면 퍽 흥미로운 뉴스거리를 얻을 수 있기 때문이지요.

언론사는 일반 시민들에 비해 정부에 정보를 요청하기 좋은 위치에 있습니다. 시민들은 일개 개인에 불과하지만 언론사는 사회적 영향력을 가진 조직이기 때문이지요. 언론의 사회적 영향력을 두고 흔히 '제4의 권력'이라고 부릅니다. 미국의 경우 의회를 압박해 정보공개법을 만든 주체가 다름 아닌 언론이었다는 걸 기억하세요.

정보공개제도 덕에 정보를 얻는 일이 너무 쉬워져 언론의 전통적인 탐사 저널리즘이 약해지고 있다고 우려하는 이들도 있습니다. 하지만 오늘날 정보공개 청구는 정식 기자 교육 과정에 포함돼 있을 만큼 보편적인 취재 수단이 됐습니다.

되레 정보 청구 덕분에 합법과 불법을 넘나들던 언론의 취재 관행이 개선됐다고 반기는 이들도 있습니다. 과거 종종 문제가 됐던 취재원 매수나 불법 도청과 같은 잘못된 취재 관행이 줄어들었다는 것이지요.

영국의 해리 왕자(사진)가 아프가니스탄에 파병되었다는 정보가 언론을 통해 새어 나가자 왕자는 급히 철수해야만 했다. 당시 언론의 보도가 무책임했다며 비판하는 목소리가 많았다.

알아두기

영국 언론들은 해리 왕자가 아프가니스탄에서 군 복무를 할 당시 이를 보도하지 않기로 합의했다. 해리 왕자가 표적이 돼 자칫 영국군이 위험에 빠질 수 있었기 때문이다. 그러나 2008년 2월 영국이 아닌 다른 나라에서 이 사실이 보도됐다. 해리 왕자는 아프가니스탄에서 급히 철수해야 했다.

언론의 역할과 책임

언론이 정보공개제도를 자기 편한 대로 이용한다고 생각하는 이들이 많습니다. 선정적인 기삿거리를 찾아다니는 황색 언론이 늘어날수록 이런 비판은 거세집니다. 유명인의 사생활을 보도하면 분명 시청률이나 판매 부수 증가에 도움이 될 테지만 그게 올바른 언론의 자세는 아니니까요. 언론이 요청하는 정보 내역을 살펴보면 그중 일부는 유명인 본인은 물론 그의 배우자나 가족에서 심지어 친구에 관한 자료까지 이른바 '신상 털기'에 가까운 경우도 있습니다.

언론의 정치적 편향도 자주 도마에 오르내립니다. 자신들과 정치적 입장이 비슷한 정당이나 정치인들에 대해선 우호적인 기사를 쓰고 그렇지 않은 경우엔 가혹하게 보도한다는 것이지요.

언론의 자유와 정보공개제도를 지지하는 이들조차 언론의 보도 자세가 항상 적절하다고 주장하진 않습니다. 일부 언론에 허물이 있다는 걸 알지만 기본적으로는 언론에 역기능보단 순기능이 더 많다고 생각하는 것이지요. 권력의 치부를 드러내고 대중의 관심을 촉발해 정부를 개혁하는 데 언론만큼 효과적인 수단이 없다는 게 이들의 생각입니다.

자료 해석의 문제

정보공개 청구를 통해 자료를 확보하는 것도 어렵지만 자료를 통해 의미 있는 진실을 알아내는 것도 쉬운 일은 아닙니다. 가령 어떤 기자가 보건 당국에 요청해 병원별 사망률 통계를 손에 넣었다고 가정해 봅시다. 병원마다 사망률 정도에 차이가 있을 텐데 사망률이 높은 곳일수록

언론 보도를 간섭하는 나라들이 아직도 많다. 정부를 비판하는 내용일수록 더 그렇다. 정부의 눈 밖에 나면 기사를 검열 당하는 것은 물론 아예 언론사가 문을 닫아야 하는 경우도 있다. 바레인의 〈아크바르 알 카리지〉라는 신문사는 이란 대통령 선거와 관련된 시위 기사를 보도했다는 이유로 2009년 6월 신문 발행을 중지하라는 정부 명령을 받았다.

무능한 병원일까요?

꼭 그렇지 않을 수 있습니다. 사망률이 높은 게 해당 병원 의사들의 실력이 모자라서일 수도 있지만 반대로 그 병원에 위중한 환자들이 몰려서일 수도 있기 때문이에요. 예를 들어 한 마을에 두 개의 병원이 있다고 합시다. A병원은 치료가 쉬운 환자만 받는 반면 B병원은 어렵고 위중한 환자도 받아요. 환자 사망률 기준으로 보면 A병원의 사망률은 당연히 낮을 수밖에 없습니다. 그렇다고 아무도 A병원을 좋은 병원이라고 하지는 않을 거예요. 언론에서 정부 자료를 제대로 해석하지 못한 채 보도한다면 오히려 진실을 호도하는 결과를 낳을 수도 있지요.

시민들이 정보공개 청구를 하는 경우는 거의 없다. 이 법은 주로 기자들이 애용한다. 기자들이 정보를 요구하는 이유는 언론인으로서의 사명감 때문도 아니고 국민의 알 권리를 위해서도 아니다. 그들은 그저 그들이 알아낸 정보를 정부를 협박하는 무기로 쓰고 있다.

- 토니 블레어의 자서전 《여정》에서

정부는 공무원들만 뛰는 폐쇄적인 리그와 같다. 정보공개제도는 정부의 그 견고한 빗장을 여는 아주 중요한 도구다.

- 밥 우드워드 기자의 미국 〈예일 데일리 뉴스〉 기고에서

시민운동과 정보공개제도

오늘날 세계 곳곳에서 시민들이 주도하는 **캠페인**이 활발해지고 있습니다. 시민 단체의 정보공개 청구 건수도 함께 늘어나고 있지요. 이들이 요구하는 정보는 지역 도서관 예산, 해외 이민 규모, 대기 오염 방지법 위반 건수, 교도소 환경 문제 등 단체의 성격에 따라 아주 다양합니다.

이들은 원하는 정보를 얻고 분석해서 시민들에게 자신들의 생각이나 주장을 알리고자 노력하지요. 무언가 바뀌어야 한다고 생각하는 사안이 생기면 집회나 시위를 갖거나 언론과 정치인들을 통해 정부에 압력을 가한답니다.

정보공개와 관련해 시민 단체가 맞닥뜨리는 비판은 언론에 제기되는 것과 비슷합니다. 요컨대 시민 단체의 활동도 지나치게 편향적인 경우가 많다는 것이지요. 자신들과 정치적 생각이 비슷한 정당이나 정치인들에 대해선 우호적이고 그렇지 않은 경우엔 비판적이란 겁니다. 하지만 시민 단체가 있어 정부와 공무원들이 긴장하게 되는 긍정적인 효과가 분명한 만큼 이념이나 정치적 입장이 결정적 흠결이 될 수 없다는 반론도 만만치 않습니다.

▌ 아래의 표는 국가별 2009년도 정보공개 청구 건수를 보여 준다.

국가	연간 청구 건수	인구 10만 명당 청구인 수
미국	1,500,000	492
불가리아	14,000	175
멕시코	105,000	98
일본	100,000	80
아일랜드	3,000	75
루마니아	15,000	68
크로아티아	3,000	67
영국(스코틀랜드 제외)	85,000	64
스코틀랜드	3,000	60
터키	39,000	56
이스라엘	3,000	46
남아프리카 공화국	20,000	45
호주	4,000	20
핀란드	500	10
네덜란드	1,200	7

출처 : 2009년 로저 블러헐스의 보고서 '90가지 정보공개법 개요'

사례탐구 고무적인 위선

　정치인들이 대중 앞에서 내놓는 말과 비공개 자리에서 하는 말이 서로 다를까? 정보공개 청구를 통해 재미있는 사실이 하나 밝혀졌다.

　2009년 불황에 시달리던 미국 정부는 어마어마한 예산이 투입되는 경기 부양 법안을 의회에 상정했다. 이미 미국 정부는 천문학적인 재정 적자에 시달리고 있었던지라 이 법안은 격렬한 논쟁을 일으켰다. 민주당과 공화당 양측 모두에서 반대하는 의원들이 쏟아져 나왔다.

　정치권 안팎의 비판 여론이 거센 상황에서 연방 정부는 사업 타당성을 엄격하게 적용해 예산을 집행하려고 했다. 가뜩이나 재정 적자가 심각한 처지에 국민의 혈세를 허투루 쓸 순 없었기 때문이다. 의원들이 자신의 지역구에 예산 배정을 요구하는 일은 철저히 금지됐다. 하지만 실제로는 이게 잘 지켜지지 않았다. 영향력 있는 의원들은 자신의 지역구에 예산이 배정되도록 연방 정부를 상대로 치열하게 로비했다. 심지어 그중에는 예산안에 반대표를 던진 의원들도 있었다. 법안은 실패작이고 세금만 낭비하는 일이 될 거라고 맹렬히 비난했던 이들이 정작 카메라의 뒤편에선 돈을 달라고 간청한 것이다.

　이 사실은 공직 청렴 센터라는 한 비정부 기구에서 정보공개 청구를 통해 알아낸 것이다. 센터에서는 의원들이 정부에 보낸 청탁성 편지의 사본을 모았는데 그야말로 산더미 같은 분량이었다. 이 자료를 토대로 센터는 '고무적인 위선(Stimulating Hypocrisy)'이라는 제목의 보고서를 발간했다. 보고서에는 지역구에 예산 배정을 요구한 의원들의 실명과 관련 사항이 실려 있었다. 센터는 시민들이 각자의 지역구 대표에게 더욱 많은 투명성을 요구해야 한다고 촉구했다.

이라크 전쟁에 관한 상원 정보 위원회 기자 회견에 참석한 다이앤 파인스타인과 론 와이든 미국 민주당 상원 의원. 이들은 미국의 이라크 전쟁은 부정확한 내부 보고서에 따른 판단 착오의 결과라고 주장했다. 언론과 정치인들은 정부의 과오를 밝히는 데 중요한 역할을 한다.

알아두기

똑같은 정보를 접하고도 보수·진보 이념에 따라 언론과 시민 단체들이 내놓는 해석도 제각각 다르다. 정보공개제도를 회의적으로 보는 이들은 시민들이 정부의 정보를 알게 된다고 해도 각자의 이해관계에 따라 자의적으로 해석하니 세상은 달라지지 않는다고 생각한다. 하지만 투명한 정부를 만드는 것만으로도 세상은 한 걸음 더 나아간 것이라 믿는 사람들도 많다.

간추려 보기

- 언론과 시민 단체가 정보공개제도의 주된 이용자다.
- 정보공개 청구에 대한 정부의 답변은 그 사회에서 기본적인 교양을 지닌 시민이라면 누구나 이해할 수 있어야 한다.
- 정부를 상대로 유용한 정보를 얻어 내기도 어렵지만 이를 통해 의미 있는 진실을 찾아내는 것은 더욱 쉽지 않다.

공개 대상이 아닌 정보에는
무엇이 있을까요?

정부가 하는 모든 활동이 시민들에게 공개돼야 할까요? 정부는 공개돼선 안 되는 정보도
있다고 주장하고 실제로 모든 정보를 공개하지도 않습니다. 정부의 이런 주장에 동의하
는 사람들도 적지 않아요. 문제는 공개와 비공개의 기준, 그러니까 정보공개제도의 예외
로 두어야 하는 정보가 무엇인지 모두가 동의할 만한 합의를 보기 어렵다는 것입니다.

정부가 하는 모든 활동이 시민들에게 공개돼야 할까요? 정부는 공개돼선 안 되는 정보도 있다고 주장하고 실제로 모든 정보를 공개하지도 않습니다. 정부의 이런 주장에 동의하는 사람들도 적지 않아요. 문제는 공개와 비공개의 기준, 그러니까 정보공개제도의 예외로 두어야 하는 정보가 무엇인지 모두가 동의할 만한 합의를 보기 어렵다는 것입니다.

정보공개에 대한 제약

어떤 정보가 공개가 가능하고 그렇지 않은지 판단하는 건 쉽지 않은 문제입니다. 심지어 법에서 공개가 가능하도록 정한 분야조차 이런저런 이유를 들어 공개 청구를 거부하는 공무원들이 있으니까요.

대부분의 나라에서 민감한 정보가 요청되면 설령 공개를 하더라도 검열을 거쳐 정리된 자료를 내놓습니다. 민감한 내용 위에 검은색 펜이나 테이프로 굵은 줄을 그어 일부 내용을 지운 문서를 제공하는 거지요. 흔히 이렇게 지워지는 정보로 관련 공무원들의 이름을 들 수 있습니다. 정부는 개인 정보를 보호하기 위해서라고 주장합니다. 하지만 이런 조치가 남용돼 너무 많은 글자가 지워져 문서를 읽는 게 불가능하거나 정보로서 쓰임새가 없어지는 경우도 있어요.

대개의 정부 기밀문서는 역사적 가치가 있는 자료로 간주돼 기록 보관소에 보관됩니다. 이를 열람하려면 법에서 정한 기밀문서 보존 기한이 경과할 때까지 기다려야 합니다. 나라에 따라 다르지만 보통 수십 년가량 됩니다. 정보의 자유를 지지하는 이들은 이 기간이 지나치게 길다고 주장합니다. 그다지 민감하지 않고 사실상 공개된 거나 다름없는 자료조차 수십 년간 비공개로 두는 건 지나치다는 것이지요.

옛 소련의 문서 저장고에서 발견된 서류들. 민감한 정보에는 두꺼운 검은색 줄이 그어져 있다.

스페인 바르셀로나 시에 있는 국립 역사 기록 보관소. 이곳의 문서들은 1936~1939년 스페인 내전에서 승리한 프랑코 장군의 군대가 압수한 것이다. 이들 문서는 2006년이 돼서야 카탈루냐 기록 보관소로 돌아올 수 있었다.

공직자 비밀 엄수법

현실적으로 정보공개를 가로막는 가장 큰 장애물은 공직자 비밀 엄수법입니다. 공직자가 재직 중에 알게 된 정보에 대해 함구할 것을 요구하는 이 법은 어길 경우를 대비한 처벌 조항도 마련돼 있습니다. 한 나라에 정보의 자유를 지지하는 법과 공직자의 정보공개를 금지하는 법이 공존하는 경우도 있지요. 지향하는 가치가 다른 두 법률이 충돌할 때면 사회적 혼란이 야기되기도 합니다. 뉴질랜드의 경우 이런 혼란을 피하고자 1982년 정보공개제도를 도입하면서 공직자 비밀 엄수법을 폐지한 바 있습니다.

국가 안보와 정보공개

　정보공개 대상에 국가 안보와 관련된 사안을 얼마나 포함할지는 언제나 뜨거운 감자입니다. 군대, **정보기관**, 경찰 등이 이 영역에 포함되는데 때로는 이런 기관과 함께 일하는 민간인이나 **민간 기업**도 안보와 관련된 영역에 들어갈 수 있어요.

　나라별로 국가 안보에 관한 내용을 공개하는 정도도 다릅니다. 거의 공개하지 않는 나라가 있는가 하면 상당히 많은 부분을 공개하는 나라도 있지요. 예컨대 미국에서는 국방부, 중앙정보부(CIA), 연방수사국(FBI), 주 경찰 모두 정보공개법의 적용을 받습니다. 미국엔 공직자 비밀 엄수법이 없다는 점 또한 공개 청구에 도움이 됩니다. 반면 영국에선 국방부와 경찰은 정보공개법의 적용을 받지만 정보기관은 적용 대상에서 빠져 있습니다.

■ 미국 국방부가 입주해 있는 펜타곤 건물. 대단히 민감한 기밀문서로 가득 차 있다.

정보공개법의 적용 대상이라고 해도 이들 기관들은 특성상 공개 청구에 소극적인 경우가 많고 답변을 준다고 해도 몇 년씩 늦게 주기도 합니다. 요청을 거부하는 이유는 외교나 안보상의 문제에서 상업적인 문제에 이르기까지 다양합니다. 여기서 상업적인 문제란 무기 거래 같은 걸 들수 있습니다. 정부가 **방산** 업체와 무기 구매 협상을 하는데 정부의 협상 전략이 노출되면 흥정 과정에서 불리할 수 있기 때문이지요. 하지만 무기 거래가 비밀리에 진행되면 정치인이나 고위 공무원들이 비자금을 만드는 경로로 악용할 가능성도 있습니다.

사우디 왕실의 뇌물 조성 프로젝트 : 알 야마마

1985년으로 거슬러 올라가는 알 야마마 프로젝트는 유럽 최대의 방산 업체 브리티시 에어로스페이스(BAE)가 사우디아라비아에 토네이도 전

■ 영국 판버러 에어쇼에서 반전 단체 회원들이 시위하는 모습.

투기 48대를 제공하는 대신 하루 60만 배럴의 석유를 받는 계약이었습니다. 수십 년간 대략 430억 파운드(약 73조 원)가 오간 초대형 무기 매매 거래였지요.

그러나 겉으로 알려진 것과는 달리 야마마 프로젝트는 실은 사우디 역사상 최대의 뇌물 조성 프로젝트였습니다. BAE는 전투기 유지 보수 비를 과다 청구해 그 차액을 사우디 왕실에 넘겼어요. 사우디 왕실이 BAE를 돈세탁 창구로 이용해 사우디 국가 예산을 왕실 비자금으로 옮겨 담은 것이지요. BAE는 그 대가로 사우디아라비아에 전투기 판매 계약을 따낼 수 있었고요. 일부에서는 사우디 왕실이 빼돌린 뇌물이 최소 10억 파운드(약 1조 7,000억 원) 이상 되는 것으로 추정하고 있습니다.

수십 년간 지속된 이 거래가 세상에 알려지게 된 건 2006년 영국 중

대비리 조사청이 BAE의 뇌물 살포 혐의를 수사하는 과정에서 사우디 왕실의 스위스 비밀 계좌를 발견했기 때문입니다. 당황한 사우디 왕실은 영국 중대비리 조사청이 자신들의 계좌를 계속 뒤질 경우 영국과 국교를 단절하고 알 카에다 관련 정보도 제공하지 않겠다고 경고하는 등 강력하게 반발했어요.

사우디의 항의에 밀린 토니 블레어 정부는 정치적 결단을 내려 중대비리 조사청의 수사를 중단시켰습니다. 칼자루를 쥔 큰 고객 앞에서 꼬리를 내린 셈이지요. 영국 국방부는 '사우디 전투기 구매 사업과 관련된 정보는 기밀 사항'이라고만 발표했답니다. 이 사건은 정보의 자유와 정부 부패 방지를 위해 싸우던 국제 연대에 크나큰 상처를 남겼지요.

전투 중인 군인. 많은 정부들이 정보공개제도가 군사, 안보 분야 종사자들의 안전에 위협이 된다고 주장한다.

국가 안보 사안이 정보공개 대상으로 적합한가?

정보의 자유를 옹호하는 이들은 국가 안보에 해당하는 사항을 엄격하고 제한적으로 정의해야 한다고 주장합니다. 많은 국가들이 안보 관련 사항을 모호하게 기술해 거의 모든 정부 활동에 적용하고 있기 때문이지

사례탐구 가문의 보석

1992년 미국 안보 문서 보관소는 '가문의 보석(Family Jewels)'이라고 불리던 CIA 자료에 대해 정보공개 신청을 냈다. 그러고 나서 무려 15년 뒤에서야 엄격한 검열을 거친 문서를 받아 볼 수 있었다. 2007년 공개된 702쪽짜리 문서에는 삭제된 부분이 많았음에도 1960~1970년대 CIA가 저지른 부정행위들로 가득했다. CIA가 무려 30만 명이 넘는 미국 시민들을 감시했고 감시 대상에는 기자와 학생들도 포함돼 있었다는 사실이 드러났다. 미국에서 이런 행위는 분명히 금지돼 있는데도 말이다. CIA는 불법 도청, 무단 침입에서 심지어 암살 음모까지 서슴지 않았다.

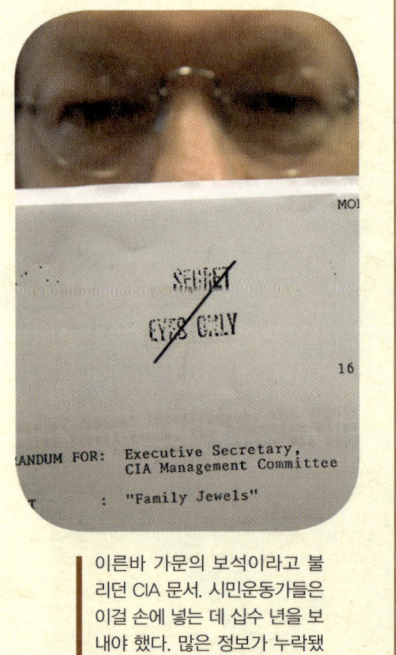

이른바 가문의 보석이라고 불리던 CIA 문서. 시민운동가들은 이걸 손에 넣는 데 십수 년을 보내야 했다. 많은 정보가 누락됐음에도 미국 시민들은 오래전 정보기관이 행한 부정행위를 상세하게 알 수 있었다.

요. 이렇게 되면 정부는 자의대로 정보의 공개 여부를 결정할 수 있게 됩니다. 정부가 시민들에게서 감추고 싶은 일이 있을 때 국가 안보라는 핑계를 댄다고 의심하는 사람들이 많습니다.

하지만 안보와 관련된 사안은 공개하는 것보다 비공개로 두는 게 시민의 안전에 더 유익하다고 반박하는 이들도 있습니다. 본래 나랏일에는 비밀리에 진행해야 하는 게 있고 민주주의 국가라고 해서 다를 건 없다는 것이지요. 예컨대 경찰이 범죄 용의자를 쫓을 때나 정보기관이 테러리스트를 추적할 때 공개적으로 할 수 있겠느냐는 것이에요. 민주주의

찬성 VS 반대

정보는 미국 시민의 것이다. 정부가 뭐라고 주장하더라도 말이다. 테러에 놀란 정부는 강박적으로 기밀 사항을 늘리며 그것이 세상의 악으로부터 미국 시민들을 보호하는 길인 양 소리친다. 하지만 실제로는 정반대의 결과와 맞닥뜨릴 수도 있다.
– 톰 블랜턴 안보 문서 보관소 소장이 〈USA 투데이〉에 한 기고에서

우리가 사는 세상은 동화 속에 나오는 그런 천진난만한 곳이 아니다. 일반 대중은 몰라도 되거나 몰라야 하는 사실도 있다. 합법적인 절차를 밟는다는 전제하에 정부와 언론이 비밀을 지킬 수 있을 때 민주주의도 꽃필 수 있다.
– 캐서린 그레이엄 〈워싱턴 포스트〉 전 회장이 CIA에서 가진 강연에서

국가는 시민이 주인인 게 맞지만 그게 시민들이 국가가 하는 모든 일을 알아야 한다는 의미는 아니며, 양자는 전혀 다른 차원의 이야기라는 것입니다.

간추려 보기

- 군사나 안보와 관련된 정부 자료는 공개 청구를 받지 않거나 받는다고 해도 심한 검열을 거치는 경우가 많다.
- 대개의 기밀문서는 법에서 정한 보존 연한이 경과할 때까지 열람할 수 없다.
- 정보의 자유를 옹호하는 이들은 '국가 안보'라는 명분이 지나치게 남용되고 있으며 정부의 부정행위를 감추는 데 악용될 수 있다고 우려한다. 하지만 시민의 생명과 재산을 보호하기 위해 정부는 몇몇 영역에 대해선 비밀을 유지할 필요가 있다는 반박도 적지 않다.

정보공개의 한 방법 :
내부 고발

조직 구성원이 자신이 속한 조직의 비리나 부정행위를 외부에 폭로하는 걸 내부 고발이라고 합니다. 내부 고발은 조직 내에서는 배신행위로 간주되지만 조직의 사적 이익보단 사회 공동체의 이익을 더 중시한다는 점에서 공익 행위로 평가하는 게 맞습니다. 그런 취지에 맞춰 최근엔 '공익 제보'로 바꿔 부르는 경우가 점점 늘어나고 있지요.

조직 구성원이 자신이 속한 조직의 비리나 부정행위를 외부에 폭로하는 걸 내부 고발이라고 합니다. 내부 고발은 조직 내에서는 배신행위로 간주되지만 조직의 사적 이익보단 사회 공동체의 이익을 더 중시한다는 점에서 공익 행위로 평가하는 게 맞습니다. 그런 취지에 맞춰 최근엔 '공익 제보'로 바꿔 부르는 경우가 점점 늘어나고 있지요.

내부 고발이란 무엇일까?

가령 어떤 식품 회사가 유통 기한이 지난 식재료로 제품을 만들고 있다고 합시다. 이 사실을 그 회사의 직원이 외부의 관련 기관에 알리는 게 내부 고발입니다. 고발 내용은 산업 비리, 노동자에 대한 부당한 차별, 정경 유착, 환경 오염 등 비리나 부정부패와 관련된 사안이라면 모두 다 해당합니다. 군대, 기업, 병원, 시민 단체, 언론, 정부, 학교 등 고발 대상 조직도 제한이 없습니다. 요컨대 특정 집단의 구성원이 내부에서 자행되는 비리와 부정부패를 외부에 알려 공공의 안전과 권익을 지키는 행동이라 할 수 있답니다.

내부 고발자를 바라보는 두 가지 시선

내부 고발자들의 경험담은 언제나 대중의 호기심을 사로잡습니다. 책이나 영화의 소재로 자주 쓰이는 이유지요. 많은 사람들이 내부 고발자를 자신의 안위를 생각하지 않고 사회를 위해 진실을 고백한 영웅이라 칭송합니다. 하지만 모든 이들의 생각이 다 같은 건 아니에요. 내부 고발자를 직장에 불만이 있는 말썽꾼이거나 배신자라고 여기는 사람들도 있습니다. 심지어 사람들의 관심을 끌고자 저지르는 치기 어린 행동일 뿐이라는 비난까지 있지요.

엔론의 회계 스캔들

2001년 엔론(Enron) 사태는 내부 고발자의 필요성에 대해 미국 사회가 다시 한 번 경각심을 일깨우는 계기가 됐습니다. 2000년대 초반 엔론은 미국에서 7번째 규모의 거대 기업이었습니다. 그리고 셰론 왓킨스는 그 회사의 부사장이었지요. 당시 엔론의 회계 상태는 가히 엉망진창이었어요. 자산은 부풀려졌고 부채는 복잡한 회계 처리 속에 아주 교묘하게 감춰져 있었습니다.

엔론의 회계가 금융 사기와 다를 바 없는 지경이 되자 2001년 8월 셰론은 회사의 문제점을 조목조목 지적한 여덟 장의 보고서를 케네스 레이 엔론회장에게 제출했습니다. 하지만 경고는 무시됐고 그해 12월 엔론은 분식 회계 사실이 드러나 파산하고 말았지요.

엔론이 무너진 뒤 셰론의 보고서는 엔론 스캔들의 내막을 밝히는 핵심 자료가 됐습니다. 의회 청문회에서 셰론은 영웅이 됐고 이듬해 〈타임〉은 2002년 올해의 인물로 그를 선정하기도 했답니다. 하지만 그가 진정한 의미에서의 내부 고발자인지 다소 논란이 일기도 했어요. 그가 회사의 최고 경영자에게 용기 있게 경고한 건 맞지만 회사의 부정행위를 외부로 알리진 않았기 때문이지요.

내부 고발자 보호 제도

내부 고발자들은 매우 취약한 처지에 있는 경우가 많으며 법의 보호가 필요한 경우가 대부분입니다. 고발을 당한 조직이 내부 고발자들을 법원에 제소하는 경우가 많기 때문이지요. 그래서 여러 나라에서 내부 고발자를 보호하는 법과 제도를 마련하고 있어요.

가령 미국에선 회사가 부정행위를 막으려는 조치를 취하지 않았을 때 내부 고발은 정당하다는 판결이 여러 차례 나왔어요. 비록 내부 고발자가 회사와 약속한 비밀 유지 의무를 어겼더라도 고발의 내용이 윤리적으로 정당하다면 무죄라는 배심원단 평결도 있답니다. '전국 내부 고발자

센터'처럼 내부 고발자를 위해 전문적으로 조언해 주는 시민 단체도 있습니다.

기업에 따라서는 회사 안에 내부 고발자를 보호하는 제도를 두는 곳도 있습니다. 임직원들이 조직의 문제점을 외부에 호소하기 전에 먼저 조직 내부에서 문제 제기를 할 수 있도록 배려하는 것이지요. 이를 위해 이른바 '윤리 모니터'나 '윤리 핫라인' 제도를 두는 기업도 있어요. 직원들이 신분이 노출되지 않은 채 이야기를 할 수 있도록 비밀 상담자나 전화번호를 제공하는 것입니다.

찬성 VS 반대

우리 사회에는 내부 고발자가 필요하다. 사회의 방부제 역할을 하기 때문이다. 엔론의 회계 부정이나 9.11 테러 당시 정보기관의 총체적 부실은 용기 있는 내부 고발자가 없었다면 알려지지 않았을 것이다.

– 캐나다 인터넷 언론 〈티이(The Tyee)〉 기고 '내부 고발자를 쏘지 마라'

엔론 스캔들 이후 공명심이 넘치는 이들이 우리 사회의 주목을 독차지하고 있다. 이들은 방송에 나가 스타가 되거나 〈타임〉으로부터 '올해의 인물'에 선정되기도 한다. 하지만 이들 중 일부는 돈을 노리고 내부 고발을 하는 경우도 있다. 그들이 진실이랍시고 늘어놓는 이야기를 모두 믿을 수는 없다.

– 〈포브스닷컴〉 기고 '내부 고발의 어두운 면'

2003년 캐서린 건은 영국의 정보기관인 정보통신본부(GCHQ)에서 중국어 통·번역 요원으로 일하고 있었다. GCHQ는 미국, 영국, 캐나다, 호주, 뉴질랜드 5개국이 운영하는 비밀 감청 기구인 **에셜론**(ECHELON)의 일부다.

어느 날 캐서린은 미국이 유엔 안보리 이사국 소속 외교관들을 도청했고 영국에 도청 내용의 분석을 의뢰하는 내용의 비밀 문건을 보게 됐다. 이라크 전쟁에 대한 유엔 표결을 앞두고 있던 시점의 일이었다. 그는 고민 끝에 자신이 본 정보를 〈가디언〉에 알렸다. 이 일로 그는 국가 기밀 누설 혐의로 재판에 회부됐다. 전 세계적으로 반대 여론이 들끓자 영국 검찰은 법원에 제소한 걸 취하했지만 캐서린은 결국 해고됐다.

기자 회견을 하는 캐서린 건의 모습. 이라크 전쟁 반대 여론이 고조되는 가운데 나온 그의 내부 고발은 국제적으로 큰 반향을 불러일으켰다.

　　인도는 민주주의가 정착된 나라치고는 공무원들의 **뇌물 수수**가 심각한 편이다. 비자야쿠마르는 인도 남부 카르나타카 주에서 공무원으로 일했다. 이곳은 인도에서도 부정부패가 심한 지역이었다. 그는 자신이 목격한 몇몇 비리 사례를 주 정부의 감사실과 시민 단체에 알렸다. 처음에는 어느 정도 성과도 있었다. 하지만 곧 그의 보고는 무시되기 시작했고 되레 동료와 상사의 비리를 폭로했다는 이유로 이리저리 근무지를 옮겨 다녀야 했다. 설상가상으로 그와 가족의 신변까지 위협을 받기 시작했다. 인도에서는 가끔씩 내부 고발자들이 살해되는 일이 발생한다.

　　그때 비자야쿠마르의 아내 자야슈리는 남편을 보호하고자 기발한 아이디어를 떠올렸다. 그는 블로그에 남편이 겪어 온 일들을 정성껏 써서 올렸다. 그의 글이 화제가 되고 방문자의 수가 늘어나면서 곧 그의 블로그는 본격적인 반부패 웹 사이트로 확대됐다. "비록 인터넷에서일 뿐이지만 한 번 유명해진 사람을 해치기는 어렵지 않을까요? 저는 인터넷에 남편을 위한 요새를 만들고 있습니다."라고 자야슈리는 말한다. 그가 만든 인도의 반부패 웹 사이트는 인도 자국은 물론 외국에도 널리 소개됐다.

자야슈리는 남편의 억울한 처지를 알리고자 웹 사이트를 만들었다. 그는 웹 사이트에 인도의 정보공개제도를 이용하는 법도 자세히 소개하고 있다. 2005년부터 시행되기 시작한 이 법을 통해 인도에서 정의가 실현되고 부패가 척결되는 모습을 보고 싶어 한다. 요즘 그는 내부 고발자를 보호하는 법을 도입하는 일에도 힘을 쏟고 있다.

내부 고발과 정보공개제도

  내부 고발과 정보공개제도는 퍽 비슷한 사회적 기능을 수행합니다. 그래서 양자를 혼동하는 사람들도 많지요. 아직 정보공개제도가 도입되지 않은 나라에서는 내부 고발만이 정부의 문제를 시민들에게 알리는 유일한 방법이기도 합니다.

  하지만 양자 간에는 분명한 차이점이 있습니다. 무엇보다 내부 고발자들이 모두 공공 분야 종사자들은 아니라는 점을 들 수 있겠네요. 내부 고발은 민간 기업을 대상으로도 빈번하게 발생하는데 민간 부문은 원칙적으로 정보공개제도의 적용 대상이 아니지요.

  그리고 내부 고발은 정보공개 청구와는 달리 사람의 입을 통해 정보를 얻기 때문에 고발 대상 조직의 내밀한 질적 정보를 더 자세히 알 수 있습니다. 정보공개 청구로 얻을 수 있는 건 단적으로 말하면 서류 뭉치에 지나지 않아요. 하지만 내부 고발은 서류로는 표현하기 어려운 내부 관계자의 경험이 담긴 정보까지 확보할 수 있기 때문에 아주 고급 정보를 얻을 수도 있답니다.

간추려 보기

- 내부 고발자는 자신이 속한 조직의 비리나 부정행위를 폭로하는 사람이다. 이 과정에서 비밀 유지 의무를 어기게 되고 소속 조직으로부터 보복을 당할 수도 있다.
- 많은 나라들이 내부 고발자를 보호하는 법을 만들고 있다.
- 정부를 대상으로 하는 내부 고발은 정보공개 청구와 병행하면 매우 효과적일 수 있다. 두 경우 모두 정부의 무능, 비리, 부정부패를 막는 데 목적이 있기 때문이다.

정보공개제도의 확대

오늘날 약 90여 개 나라에서 어떤 형태로든 정보공개제도를 두고 있습니다. 공개 청구의 절차는 물론 청구가 인정되지 않았을 경우에 대비한 불복 절차도 갖추고 있지요. 지방 정부 차원에서 독자적인 정보공개제도를 갖고 있는 나라들도 많습니다. 미국, 호주, 캐나다 의 주 정부들이 여기에 해당합니다.

정보 공개제도는 서구 민주주의 사회에서 기원했습니다. 북유럽에서 시작돼 미국으로 건너간 뒤 다시 영어권 국가와 서유럽으로 퍼졌지요. 1990년대부터는 동유럽, 아시아, 중남미 국가들도 민주화의 물결을 타고 정보공개제도를 도입했습니다.

오늘날 약 90여 개 나라에서 어떤 형태로든 정보공개제도를 두고 있습니다. 공개 청구의 절차는 물론 청구가 인정되지 않았을 경우에 대비한 불복 절차도 갖추고 있지요. 지방 정부 차원에서 독자적인 정보공개제도를 갖고 있는 나라들도 많습니다. 미국, 호주, 캐나다의 주(州) 정부들이 여기에 해당합니다..

공공 서비스 대행 기업의 정보공개 문제

정보공개제도는 어디까지나 정부와 공공 기관에만 적용됩니다. 그렇다면 민간 기업이 정부의 서비스를 대신 수행하는 경우에는 어떻게 해야 할까요? 쓰레기 처리, 도로 관리, 학교·보건소 운영 등의 분야에선 민간 기업이 공공 서비스를 대행하는 경우가 많습니다.

민간 기업이라도 공공 서비스 분야에 종사한다면 정보공개 대상이라고 생각하는 사람들이 많습니다. 반면 이런 분야의 기업들은 규모가 작은 곳도 많은데 정보공개 부담까지 지우는 건 지나치다며 반대하는 목소리도 적지 않습니다.

금융 분야의 정보공개 문제

2008년 세계적인 금융 위기 이후 금융 기관을 향한 대중들의 시선이 곱지만은 않습니다. 정부의 공적 자금을 받아 파산을 면한 경우라면 더욱 그렇지요. 그간 금융 기관들은 주주와 예금자들에게 자신들의 재무 상태를 정확히 알리지 않았습니다. 놀랍게도 **헤지 펀드**(hedge fund)처럼 사모(私募)로 발행되는 펀드의 경우 최소한의 정보공개 의무도 지지 않는답니다.

금융 분야가 정보공개 대상이었다면 위기를 피할 수 있었을까요? 금융 기관이 시민들의 신뢰를 회복하려면 더 높은 수준의 투명성이 요구된다고 주장하는 사람들이 있습니다. 하지만 위기의 해법을 정보공개 확대로 보는 데 회의적인 시각도 많아요. 선물·옵션과 같은 복잡한 파생 상품의 거래 정보는 전문가도 이해하기 어려운 만큼 일반 시민들에게 공개된다고 해서 별다른 소용은 없다는 것이지요. 이들은 파생 금융 상품에 대한 강력한 규제만이 위기의 반복을 막을 수 있다고 주장합니다.

거대 기업의 정보공개 문제

오늘날 세계 경제는 몇몇 거대 기업들이 지배하는 게 현실입니다. 그럼에도 우리는 소비자로서나 시민으로서나 그런 기업에 대해 아는 게 거의 없습니다. 이런 현실에 문제를 제기하는 사람들도 많은데 단지 기업 규모가 크다고 해서 민간 기업에 정보공개를 요구할 수 있을까요?

이미 기업들은 상당한 수준의 정보를 주주들에게 제공하고 있습니다. 더구나 주식 시장에 상장된 기업의 정보는 주주가 아니더라도 접근할 수 있는 게 많습니다. 또 국세청, 금융감독원, 공정거래위원회 등 관련 기관이 기업의 활동을 충분히 감시하는 만큼 추가적인 규제는 불필요하다는 주장도 있지요.

민간 기업이 공공 기관 수준으로 정보를 공개할 경우 경쟁 업체에 영업 비밀 등 귀중한 정보가 노출될 수 있습니다. 그러면 기업 활동에 심각한 지장이 올 수 있지요. 성실히 정보를 공개하는 기업은 손해를 보고

세계 금융 체계는 2008년 9월 투자은행 리먼 브러더스의 파산으로 거의 붕괴할 뻔했다. 위기의 원인으로 금융 기관의 불투명성을 지적하는 의견이 많았다. 금융 기관이 더 많은 정보를 공개함으로써 투자자와 고객을 보호해야 한다는 주장이 빗발쳤다.

정보를 부정확하게 또는 일부만 제공하는 기업은 이익을 보는 불합리한 결과가 발생할 수 있습니다. 단적으로 공개 의무를 지우는 나라의 기업은 그렇지 않은 나라의 기업보다 국제적인 경쟁에서 불리할 수밖에 없습니다. 그러면 규제가 없는 나라로 사업체를 옮기는 기업도 생길 수 있어요. 규제가 있는 나라는 기업이 떠나는 만큼 세수입과 일자리를 잃게 되겠지요.

세계화와 정보의 자유

오늘날 정보를 유통하는 데 있어 물리적 거리는 더는 제약이 되지 않습니다. CNN 같은 24시간 뉴스 채널은 전 세계의 사건·사고 내역을 거의 실시간으로 알려 줍니다. 산과 바다, 하늘에 촘촘히 깔린 전자 통신망은 사람들이 지구 어디에 있든 서로 이어 주고 있지요.

우리는 세계 어디에서나 인터넷만 연결돼 있다면 정보를 쉽게 얻을 수 있습니다. 전자 메일, **트위터**, 페이스북 등을 통해 글, 음성, 이미지

2009년 6월 이란의 수도 테헤란 시에서 열린 대규모 집회 모습. 야당인 무사비 후보의 지지자들이 선거 결과에 반발하며 시위에 나섰다. 당시 이란의 대통령 선거는 부정 의혹에 휩싸였다. 시민들은 휴대 전화와 디지털 카메라를 통해 선거 과정과 경찰의 폭력적인 시위 진압 모습을 전 세계에 생중계했다.

를 어디로든 보낼 수도 있지요. 각국의 정부가 언론을 통제하더라도 인터넷에서는 관련 정보를 쉽게 얻을지도 몰라요. 예컨대 2009년 6월 이란에서 열린 대통령 선거에서 민주화 운동가들은 휴대 전화를 이용해 부정 선거 의혹과 평화 시위에 대한 경찰의 폭력 진압 사실을 전 세계에 알렸지요. 정부는 언론 보도를 통제했지만 시민들이 **인터넷**과 SNS를 쓰는 것까지 막진 못했어요. 이 모두가 **세계화**를 통해 정보의 자유가 성숙하는 과정의 일부랍니다.

사례탐구 트위터의 힘!

트라피구라(Trafigura)는 네덜란드 국적의 세계 3위 원유 거래 업체다. 2006년 이 회사는 서아프리카 코트디부아르의 최대 도시 아비장에 독성 석유 폐기물 400톤을 투기했다. 유럽보다 아프리카에 버리는 게 비용이 쌌기 때문이다. 결과는 처참했다. 아비장 시 위에 유독 가스 구름이 형성됐고 최소 15명이 숨지고 69명이 입원했으며 10만 8,000명이 피부 화상과 눈, 폐 손상을 호소했다. 이듬해 회사는 코트디부아르 정부에 2억 2,500만 달러를 내고 **집단소송**을 낸 코트디부아르 시민 3만 1,000명에게 1인당 1,500달러를 배상하기로 합의하면서 논란은 일단락되는 듯했다.

문제는 그다음 단계에서 발생했다. 유독 폐기물이 버려지기 전 이미 회사가 문제점을 파악하고 있었다는 의혹이 제기된 것이다. 트라피구라가 폐기물 투기의 예상 효과를 분석한 보고서를 사전에 작성했다는 얘기였다. 재판 과정에서 트라피구라는 폐기물 투기의 결과를 전혀 예상하지 못했다고 주장했기에 이는 심각한 기만행위에 해당했다.

2009년 보고서의 사본이 〈가디언〉의 손에 들어가자 회사는 영국 법원에 보도 금지 요청을 했다. 법원은 〈가디언〉의 보도를 금지하는 동시에 이 신문이 자신들에게 내려진 법원의 명령에 대해서도 보도하지 못하게 해 이중으로 입을 틀어막았다. 하지만 법원의 보도 금지 명령이 있은 뒤 불과 사흘 만에 문제의 보고서를 위키리크스가 공개해 버렸다.

사실을 알게 된 시민들은 격분했다. 곧이어 트위터상에 '트라피구라', '가디언' 등의 키워드가 도배되기 시작했다. 누리꾼의 반발이 거세지자 트라피구라는 언론이 보도하는 데 동의해 줄 수밖에 없었다. 〈가디언〉의 앨런 루스브리저 편집장은 "16시간 이상 환상적인 지지를 보내 준 모든 트위터 이용자들에게 감사드린다. 언론의 자유가 이룬 위대한 승리다."라고 소감을 밝혔다.

유독 폐기물로 신음하고 있는 코트디부아르 사람들. 선진국들이 자국의 산업 폐기물을 가난한 나라에 약간의 돈을 주고 버리는 일이 점점 늘어나고 있다.

개발 도상국의 정보공개 현황

21세기에 접어들면서 정보공개제도는 더욱더 많은 나라로 확대되고 있습니다. 인도, 방글라데시와 같은 개발 도상국은 물론 아직 정치 활동의 제약이 큰 중국도 정보공개제도를 도입했습니다. 그러나 러시아, 브라질, 나이지리아 등은 국제 사회에서 차지하는 위상에 걸맞지 않게 정보공개제도를 도입하지 않았습니다. 아프리카와 중동에 있는 대부분의 나라들도 아직 이 제도를 도입하지 않고 있지요.

하지만 법을 도입하더라도 문제가 완전히 사라지는 것은 아닙니다. 개발 도상국의 경우 법체계가 허술하거나 공무원들의 **관료주의**가 지나친 경우도 많아요. 하지만 가장 큰 걸림돌은 시민들 대부분이 이런 제도가 도입됐다는 사실과 이용법, 필요성에 대해 잘 모른다는 것입니다. 그 결과 이용률이 매우 낮은 경우가 많지요.

2005년 네팔 라디오 기자들이 카트만두 시에서 시위하는 모습. '라디오의 자유를 위한 투쟁'이라고 쓰인 현수막을 들고 거리를 행진했다.

오늘날 정부는 그 어느 때보다 투명하게 일을 하고 있다. 정부의 정보는 이제 물, 햇빛, 공기처럼 모두가 공유하는 자산이다.

– 호주 사생활 및 정보공개 담당 장관 브렌던 오코너

1966년 정보공개법이 제정됐단 사실에 공무원들이 유감스러워할 거라는 예상이 있었다. 하지만 그들은 곧 이 법에 적응했고 정보를 비밀에 부치는 방법을 찾아냈다.

– 〈CBS 뉴스〉에 실린 제임스 만의 기고 '위키리크스조차 뚫지 못한 비밀'

아직 풀지 못한 고민들

그간 숱한 어려움이 있었지만 정보의 자유는 반세기 만에 개인의 인권으로, 시민에 대한 정부의 의무로 널리 받아들여졌습니다. 정보공개제도의 필요성에 대해 근본적으로 의문을 제기하는 사람은 이제 거의 없습니다.

오늘날 논쟁거리는 이 원칙을 어떻게 적용해야 정부와 시민들이 모두 만족할 수 있느냐는 것입니다. 민간 부문에도 정보공개제도를 적용할 수 있을까요? 군사·안보 분야 등 공개하지 말아야 할 영역이 있는지, 있다면 그 적정선은 어디쯤일까요? 정보공개가 공무원 개인의 정보를 침해할 때 어떻게 해야 할까요? 이 책을 통해 여러분들이 이런 문제에 대해 고민해 보는 계기가 됐기를 바랍니다.

알아두기

매해 9월 28일은 '국제 알 권리의 날'이다. 2002년 불가리아 소피아 시에 모인 시민운동가들이 정보의 자유 확산을 기념하기 위해 제정했다.

간추려 보기

- 민간 기업은 정보공개제도의 적용을 받지 않는다. 하지만 공공 서비스를 대행하는 기업이나 거대 기업의 경우 정보를 공개해야 한다는 반론도 적지 않다.
- 인터넷을 통해 한 나라의 내부 정보가 국경을 넘어 다른 나라로 쉽게 퍼지는 세상이 됐다.
- 오늘날 90개가 넘는 나라들이 정보공개제도를 도입했다.

용어 설명

개인 정보 의료 기개인 정보 주민 등록 번호, 사회 보장 번호, 금융·납세·의료 기록 등 개인과 관련된 정보.

검열 언론, 출판, 보도, 연극, 영화, 우편물 등의 내용을 사전에 심사해 그 발표를 통제하는 일. 사상을 통제하거나 치안을 유지하기 위해 한다.

공공 서비스 국가나 공공 단체에서 공공의 복리 증진을 위해 제공하는 서비스. 교육, 교통, 의료, 치안 등을 말한다.

관료주의 경직된 공무원 집단에게서 나타나는 행동 양식이나 사고방식을 비판적으로 일컫는 말. 상급자에게는 약하고 하급자에게는 권위를 내세우며, 자기 업무와 관련 없는 일에는 관심 없고, 책임은 회피하면서도 독선적인 행동이나 의식을 보이는 특성을 말한다.

기록 보관소 역사적으로 중요한 공문서와 그 밖의 기록 문서를 체계적으로 보존하기 위해 만든 시설.

내각 국가의 행정권을 담당하는 최고 합의 기관. 국무 위원 또는 수상과 각원으로 구성하며, 내각 책임제 국가에서는 최고 정책 결정 기관이고 대통령 중심제 국가에서는 대통령의 보좌·자문 기관이다.

내부 고발 조직 구성원이 조직 내부의 비리나 불법·부당 행위 등을 대외적으로 폭로하는 행위. 내부 고발자의 비리 폭로에 대해 조직은 예외 없이 방어적·보복적 대응을 하므로, 사적 이익보다 국가 등 사회 전체의 이익에 기여할 수 있는 고발 행위를 보호하기 위해 각국은 내부 고발자를 보호하기 위한 법률을 제정하고 있다.

뇌물 수수 공무원 등 일정한 직위에 있는 자가 자기 직무를 이용해 부당한 이익을 얻는 것.

로비 권력자에게 이해 문제를 진정하거나 탄원하는 일. 로비(lobby)는 본래 휴게실이나 응접실을 뜻한다. 미국에서 탄원 등의 활동이 주로 의회의 로비에서 이루어진 데 유래했다.

민간 기업 민간이 출자하여 운영하는 기업. 사기업, 민영 기업으로도 불린다. 정부가 출자한 기업인 국영 기업, 공기업 등의 표현에 대치돼 쓰인다.

민주주의 국민이 권력을 가지고 그 권력을 스스로 행사하는 제도 또는 그런 정치를 지향하는 사상. 기본적 인권, 자유권, 평등권, 다수결의 원리, 법치주의 등을 기본 원리로 한다.

방산 '방위 산업'을 줄여 이르는 말. 국가 방위에 쓰는 군수품을 생산하는 산업을 말한다.

부정부패 바르지 못하고 부패함.

사기 나쁜 꾀로 남을 속임. 법률 용어로는 사람을 속여 착오를 일으키게 함으로써, 일정한 의사 표시나 처분 행위를 하게 하는 일을 말한다.

사생활 개인의 사사로운 일상생활. 본래의 뜻은 개인적 생활을 말하나 일반적으로는

다른 사람의 침해를 받지 않고 이러한 생활을 자유롭게 할 수 있는 권리, 사생활권으로 넓혀서 사용한다. 우리나라는 헌법 제16조에서 "모든 국민은 사생활의 비밀과 자유를 침해받지 아니한다."라고 하여 사생활권의 보장을 명시하고 있다.

세계 인권 선언 1948년 12월 10일 프랑스 파리 시에서 열린 제3회 국제 연합 총회에서 채택된 인권에 관한 세계 선언. 시민·정치적 권리가 중심이지만 노동자의 단결권, 교육에 관한 권리, 예술을 향유할 권리 등 경제·사회·문화적 권리에 대해서도 규정하고 있다.

세계화 세계 여러 나라가 정치, 경제, 사회, 문화, 과학 등 다양한 분야에서 서로 많은 영향을 주고받으며 교류가 늘어나는 현상. 재화, 서비스, 자본, 노동, 아이디어 등이 한 나라의 국경을 넘어 자유롭게 이동하면서 각국 경제가 통합되는 현상을 지칭한다.

알 권리 시민 개개인이 정치·사회적 현실에 대한 정보를 자유롭게 알 수 있는 권리 또는

이러한 정보에 접근할 수 있는 권리를 통칭하는 개념. 시민의 알 권리는 현대 민주주의 사회에서 언론·표현의 자유가 실현되기 위해 반드시 보장돼야 한다.

언론 신문, 텔레비전, 인터넷 등을 통해 어떤 사실을 밝혀 알리거나 어떤 문제에 대해 여론을 만들어 나가는 활동. 신문 등의 매체를 통해 개인이 말이나 글로 자기의 생각을 나타내는 활동도 포함한다. 언론은 사회에서 여러 가지 중요한 기능, 예컨대 사회 환경을 감시하고 국민 대중을 계도하며 문화를 전수하고 오락을 제공하는 기능 등을 수행한다.

에셜론(ECHELON) 냉전 시대 미국이 공산권 정보 탐지에 이용했던 감청 시스템. 전 세계의 모든 통신을 도청할 수 있다. 냉전이 종식된 후에는 테러, 국제 범죄 감시에 활용되고 있으나 사생활 침해 논란도 낳고 있다. 뉴질랜드, 영국, 캐나다, 호주와 협정을 맺고 가동 중이다. 특정 전자 메일이나 팩스를 도청하는 건 아니며 주로 대용량 통신을 가로채 관심 있는 메시지를 발췌한다. 가령 '폭탄',

'대통령'이라는 단어가 있으면 분석 대상으로 하는 식이다. 유럽 의회는 에셜론이 범죄 색출보다는 유럽 첨단 산업의 고급 정보, 기밀을 빼내는 데 악용되고 있다고 주장한다.

연방 자치권을 가진 다수의 나라가 공통의 정치 이념 아래 연합해 구성하는 국가. 개별 구성국들은 자체의 국내법을 따르되, 연방 국가는 국제법상 하나의 외교권을 갖는 단일 주권 국가다. 미국, 독일, 스위스 등이 여기에 속한다.

인권 민족, 국가, 인종, 성별, 언어, 종교, 나이 등에 상관없이 인간이라면 누구에게나 인정되는 보편적인 권리 또는 지위. 인간의 타고난 권리로 모든 사람에게 동등한 특권과 책임이 주어지는 기회를 의미한다.

인터넷 전 세계의 컴퓨터가 서로 연결돼 정보를 교환할 수 있는 세계 최대 규모의 컴퓨터 통신망.

정보기관 정보의 수집, 처리, 선전, 통제 따위에 관한 일을 전문적으로 맡아 하는 국가 기관. 역사상 대표적인 정보기관으로 미국 연방수사국(FBI)과 중앙정보부(CIA), 영국 비밀정보부(SIS), 독일 연방정보국(BND), 소련 국가보안위원회(KGB) 등을 들 수 있다.

정보공개제도 공공 목적상 필요성이 인정될 경우 시민이면 누구나 국가 기관이 보유하고 있는 정보에 접근할 수 있게 하는 제도. 행정 기관의 게시 의무를 명시한 것이며 시민의 알 권리를 보호하는 제도다.

정부 실패 과도한 세금, 관료주의, 방만한 공기업 운영, 이익 단체의 압력에 의한 공공 지출 확대, 기업과 정부의 유착 등으로 시장에 대한 정부의 개입이 오히려 효율성을 떨어뜨리는 현상.

집단소송 어떤 행위나 사건으로 많은 사람들이 비슷한 피해를 입었을 때, 그 가운데 일부 피해자가 전체 피해자를 대표해 소송 당사자로서 소송을 수행하는 일. 우리나라는 2002년 증권 분야에서 이 제도를 도입, 2005년 증권 관련 집단소송법을 시행하면서 단계적으로 확대해 가고 있다.

캠페인 매스 미디어 등을 일정 기간 동원해 사회·정치적 목적을 위해 계속적, 집중적, 조직적으로 행하는 활동. 캠페인(campaign)이란 본래 평원을 뜻하는 라틴어 캄푸스(campus)에서 유래한 말로 그곳에서 전개되는 전투라는 뜻이 변형돼 지금과 같은 의미를 가지게 됐다.

트위터 140자 이내의 단문으로 개인의 의견이나 생각을 공유하고 소통하는 사이트. 트위터(twitter)란 '지저귀다'는 뜻으로 일상의 작은 얘기를 그때그때 짧게 올릴 수 있는 소셜 네트워크 서비스(SNS)다.

헤지 펀드 고위험 고수익 원칙에 따라 선물·옵션 등 파생 금융 상품의 거래를 통해 자금을 투기적으로 운용하는 투자 자본. 헤지(hedge)란 사기도 하고 팔기도 하면서 위험을 회피한다는 의미다. 헤지 펀드는 소수의 거액 투자자들이 투기적으로 운용한다는 점에서 안정적인 자산 증식을 원하는 소액투자자들의 뮤추얼 펀드(Mutual Fund)와는 다르다.

우리나라 공공 기관의 정보 공개에 관한 법률

제1조 (목적) 이 법은 공공 기관이 보유·관리하는 정보에 대한 국민의 공개 청구 및 공공 기관의 공개 의무에 관하여 필요한 사항을 정함으로써 국민의 알 권리를 보장하고 국정에 대한 국민의 참여와 국정 운영의 투명성을 확보함을 목적으로 한다.

제2조 (정의) 이 법에서 사용하는 용어의 정의는 다음과 같다.
1. '정보'라 함은 공공 기관이 직무상 작성 또는 취득하여 관리하고 있는 문서(전자문서 포함)·도면·사진·필름·테이프·슬라이드 등에 기록된 사항을 말한다.
2. '공개'라 함은 공공 기관이 이 법의 규정에 의하여 정보를 열람하게 하거나 사본·복제물을 교부하는 것 또는 정보 통신망을 통하여 정보를 제공하는 것 등을 말한다.
3. '공공 기관'이라 함은 국가 기관, 지방 자치 단체, 정부 투자 기관 등을 말한다.

제3조 (정보공개의 원칙) 공공 기관이 보유·관리하는 정보는 이 법이 정하는 바에 따라 공개하여야 한다.

제4조 (적용 범위) ① 정보의 공개에 관하여는 다른 법률에 특별한 규정이 있는 경우를 제외하고는 이 법이 정하는 바에 의한다.
② 지방자치단체는 그 소관 사무에 관하여 법령의 범위 안에서 정보공개에 관한 조례를 정할 수 있다.
③ 국가 안전 보장에 관련되는 정보 및 보안 업무를 관장하는 기관에서 국가 안전 보장과 관련된 정보 분석을 목적으로 수집되거나 작성된 정보에 대하여는 이 법을 적용하지 아니한다.

제5조 (정보공개 청구권자) ① 모든 국민은 정보의 공개를 청구할 권리를 가진다.

제6조 (공공 기관의 의무) ① 공공 기관은 정보의 공개를 청구하는 국민의 권리가 존중될 수 있도록 이 법을 운영하고 소관 관련 법령을 정비하여야 한다.
② 공공 기관은 정보의 적절한 보존과 신속한 검색이 이루어지도록 정보 관리 체계를 정비하고 정보공개 업무를 주관하는 부서 및 담당하는 인력을 적정하게 두어야 하며, 정보 통신망을 활용한 정보공개 시스템을 구축하도록 노력하여야 한다.

제9조 (비공개 대상 정보) ① 공공 기관이 보유·관리하는 정보는 공개 대상이 된다. 다만 다음에 해당하는 정보에 대하여는 공개하지 아니할 수 있다.
2. 국가 안전 보장 국방·통일·외교 관계 등에 관한 사항으로서 공개될 경우 국가의 중대한 이익을 현저히 해할 우려가 있다고 인정되는 정보
3. 공개될 경우 국민의 생명·신체 및 재산의 보호에 현저한 지장을 초래할 우려가 있다고 인정되는 정보
4. 진행 중인 재판에 관련된 정보와 범죄의 예방, 수사, 공소의 제기 및 유지, 형의 집행, 교정, 보안 처분에 관한 사항으로서 공개될 경우 그 직무 수행을 현저히 곤란하게 하거나 형사 피고인의 공정한 재판을 받을 권리를 침해한다고 인정할 만한 상당한 이유가 있는 정보
6. 당해 정보에 포함되어 있는 이름·주민등록번호 등 개인에 관한 사항으로서 공개될 경우 개인의 사생활의 비밀 또는 자유를 침해할 우려가 있다고 인정되는 정보. 다만 다음에 열거한 개인에 관한 정보는 제외한다.
라. 직무를 수행한 공무원의 성명·직위

마. 공개하는 것이 공익을 위하여 필요한 경우로써 법령에 의하여 국가 또는 지방자치단체가 업무의 일부를 위탁 또는 위촉한 개인의 성명·직업

7. 법인·단체 또는 개인의 경영·영업상 비밀에 관한 사항으로서 공개될 경우 법인 등의 정당한 이익을 현저히 해할 우려가 있다고 인정되는 정보.

8. 공개될 경우 부동산 투기·매점 매석 등으로 특정인에게 이익 또는 불이익을 줄 우려가 있다고 인정되는 정보

제11조 (정보공개 여부의 결정) ① 공공 기관은 정보공개의 청구가 있는 때에는 청구를 받은 날부터 10일 이내에 공개 여부를 결정하여야 한다.

② 공공 기관은 부득이한 사유로 제1항에 규정된 기간 이내에 공개 여부를 결정할 수 없는 때에는 그 기간의 만료일 다음 날부터 기산하여 10일 이내의 범위에서 공개 여부 결정 기간을 연장할 수 있다. 이 경우 공공 기관은 연장된 사실과 연장 사유를 청구인에게 지체 없이 문서로 통지하여야 한다.

⑤ 정보공개를 청구한 날부터 20일 이내에 공개 기관이 공개 여부를 결정하지 아니한 때에는 비공개의 결정이 있는 것으로 본다.

제13조 (정보공개 여부 결정의 통지) ① 공공 기관은 제11조의 규정에 의하여 정보의 공개를 결정한 때에는 공개 일시 및 장소 등을 명시하여 청구인에게 통지하여야 한다.

② 공공 기관은 공개 대상 정보의 양이 과다하여 정상적인 업무 수행에 현저한 지장을 초래할 우려가 있는 경우에는 정보의 사본·복제물을 일정 기간별로 나누어 교부하거나 열람과 병행하여 교부할 수 있다.

제17조 (비용 부담) ① 정보의 공개 및 우송 등에 소요되는 비용은 실비의 범위 안에서 청구인의 부담으로 한다.

② 공개를 청구하는 정보의 사용 목적이 공공복리의 유지 · 증진을 위하여 필요하다고 인정되는 경우에는 제1항의 규정에 의한 비용을 감면할 수 있다.

제18조 (이의 신청) ① 청구인이 정보공개와 관련한 공공 기관의 비공개 또는 부분 공개의 결정에 대하여 불복이 있는 때에는 공공 기관으로부터 정보공개 여부의 결정 통지를 받은 날 또는 비공개의 결정이 있는 것으로 보는 날부터 30일 이내에 당해 공공 기관에 문서로 이의 신청을 할 수 있다.

② 공공 기관은 이의 신청을 받은 날부터 7일 이내에 그 이의 신청에 대하여 결정하고 그 결과를 청구인에게 지체 없이 문서로 통지하여야 한다. 다만 부득이한 사유로 정해진 기간 이내에 결정할 수 없는 때에는 그 기간의 만료일 다음 날부터 기산하여 7일 이내의 범위에서 연장할 수 있으며 연장 사유를 청구인에게 통지하여야 한다.

제19조 (행정 심판) ① 청구인이 정보공개와 관련한 공공 기관의 결정에 대하여 불복이 있는 때에는 행정심판법이 정하는 바에 따라 행정 심판을 청구할 수 있다.

② 청구인은 제18조의 규정에 의한 이의 신청 절차를 거치지 아니하고 행정 심판을 청구할 수 있다.

제20조 (행정 소송) ① 청구인이 정보공개와 관련한 공공 기관의 결정에 대하여 불복이 있는 때에는 행정소송법이 정하는 바에 따라 행정 소송을 제기할 수 있다.

연표

1766   세계 최초로 스웨덴이 정보공개
법을 도입했다. 이 법은 '정보 열람의
원칙'으로도 알려졌다.

1789   역사상 가장 오래된 인권 선언 중 하나인 프랑스 인권 선언이 공
표됐다. 프랑스 인권 선언은 "사회는 공직자에게 행정에 관한 보
고를 요구할 권리를 가진다."라고 밝히고 있다.

1881   캐나다의 브리티시컬럼비아 주가 정보공개법을 도입했다.

1951   핀란드가 정보공개법을 도입했다. 1999년 더 강력하게 법을 개
정했다.

1966   미국이 연방 정부를 대상으로 하는 정보공개법을 도입했다. 이
법은 1996년 개정되면서 전자 정보도 공개 대상에 포함했다. 미
국의 경우 주 정부를 대상으로 하는 정보공개법은 주마다 따로
두고 있다.

1970   덴마크, 노르웨이가 정보공개법을 도입했다. 훗날 두 국가 모두
더 강력하게 법을 개정했다. 노르웨이의 경우 헌법 100조에 정
부 문서에 대한 시민의 열람권을 명시했다.

1976	멕시코가 헌법을 개정해 6조에 정보 열람에 대한 권리를 삽입했다. 그리고 2002년 정보공개법을 도입했다.
1978	프랑스가 정보공개법을 도입했다. 이 법은 시민에게 정보 열람권이 있다는 것과 독립적인 기구가 그 과정을 보장할 것을 명시했다. 같은 해 네덜란드도 정보공개법을 도입했고 1991년 더 강력하게 법을 개정했다. 네덜란드는 헌법 110조에서 정부의 정보공개 활동은 투명해야 한다고 명시하고 있다.
1982	호주가 연방 정부를 대상으로 하는 정보공개법을 도입했다. 2010년 이 법은 더 강력하게 개정됐다. 미국처럼 주 정부를 대상으로 하는 정보공개법은 주마다 따로 두고 있다. 같은 해 뉴질랜드도 정보공개법을 도입했다.
1983	캐나다가 사생활 보호법과 영연방 자치령에 적용되는 정보 접근법을 동시에 도입했다. 두 법은 서로 보완하고 견제하도록 설계됐다. 정보공개법은 개별 주 수준에서 도입됐다.
1985	그리스가 정보공개법을 도입했다.
1987	오스트리아가 정보공개법을 도입했다.
1990	이탈리아가 정보공개법을 도입했다.
1992	헝가리, 스페인, 우크라이나가 정보공개법을 도입했다.

1993	카자흐스탄, 포르투갈이 정보 공개법을 도입했다. 벨기에는 헌법을 개정해 32조에 정보 열람에 대한 권리를 삽입했다.
1994	벨리즈, 그린란드가 정보공개법을 도입했다.
1995	홍콩이 정보공개법을 도입했다.
1996	아이슬란드, 대한민국이 정보공개법을 도입했다.
1997	아일랜드(2003년 개정), 태국, 우즈베키스탄이 정보공개법을 도입했다.
1998	이스라엘, 라트비아가 정보공개법을 도입했다. 라트비아의 경우 헌법 100조에 정보 열람에 대한 시민의 권리가 명시돼 있다.
1999	알바니아, 체코, 조지아, 리히텐슈타인, 일본, 트리니다드 토바고가 정보공개법을 도입했다.
2000	불가리아, 에스토니아, 리투아니아, 몰도바, 슬로바키아, 남아프리카 공화국, 영국이 정보공개법을 도입했다.
2001	보스니아 헤르체고비나, 파나마, 폴란드, 루마니아가 정보공개법을 도입했다. 유럽연합(EU)이 의회, 이사회, 집행 위원회의 문서에 대한 정보 열람 조항을 도입했다.

2002	앙골라, 자메이카, 파키스탄, 스코틀랜드, 타지키스탄, 짐바브웨가 정보공개법을 도입했다.
2003	아르헨티나, 아르메니아, 크로아티아, 코소보, 슬로베니아, 터키가 정보공개법을 도입했다.
2004	도미니카 공화국, 에콰도르, 페로 제도, 세르비아가 정보공개법을 도입했다.
2005	아제르바이잔, 독일, 인도, 몬테네그로, 대만, 우간다가 정보공개법을 도입했다.
2007	요르단, 키르기스스탄, 네팔, 니카라과가 정보공개법을 도입했다.
2008	중국이 정보공개법을 도입했다.
2009	방글라데시, 칠레, 과테말라, 우루과이가 정보공개법을 도입했다.
2010	라이베리아가 정보공개법을 도입했다.

※ 위의 연도는 의회에서 정보공개법이 통과된 해를 의미한다. 법이 실제로 효력을 발휘한 것은 몇 년이 지나서일 수도 있다.

더 알아보기

공공기관 알리오 alio.go.kr

공공 기관의 경영 정보를 통합해 공개하는 정부 사이트다. 공공 기관의 경영 현황을 일반 시민들에게 투명하게 공개해 시민에 의한 상시 감독 시스템을 마련하려는 게 사이트의 운영 취지다. 2007년 '공공 기관의 운영에 관한 법률'이 시행됨에 따라 모든 공공 기관에 통합 경영 공시가 법적으로 의무화됐다. 현재 285개 공공 기관의 33개 항목, 120여 개 경영 정보를 공개하고 있다.

금융감독원 전자공시시스템 dart.fss.or.kr

상장 법인 등이 공시 서류를 인터넷으로 제출하고 투자자 등 이용자는 제출 즉시 인터넷을 통해 기업의 정보를 조회할 수 있게 하는 기업 공시 시스템이다. 각종 손익계산서, 대차대조표 등 재무제표에서 사업 계획서까지 기업의 거의 모든 정보가 총망라돼 있다. 공시 자료에 대한 투자자의 접근을 편리하게 하고 신속하게 정보를 제공함으로써 기업 경영에 대한 시장의 감시를 강화하려는 게 사이트의 운영 취지다.

정보공개시스템 open.go.kr

시민들이 직접 공공 기관에 정보공개를 청구할 수 있도록 지원하는 정부 사이트다. 이 사이트에서 시민들은 직접 정보공개를 청구하고 그 처리 과정을 조회할 수 있다. 이의 신청 및 처리 과정 조회도 이곳에서 지원한다. 정보공개제도, 정보공개 청구서 작성 요령, 공개 여부 결정 및 통지 과정, 불복 및 구제 절차 등을 상세하게 안내하고 있다.

투명사회를 위한 정보공개센터 opengirok.or.kr

기록 정보의 대중화를 통해 국민의 알 권리를 실현하고 사회 전반의 투명성과 책임성을 높여 가는 것을 목적으로 하는 시민 단체다. 공공 및 민간 기관을 상대로 한 정보공개 캠페인, 국민의 알 권리 실현과 사회의 투명성 확보를 위한 법 제도 개선, 정보공개제도를 활용한 언론사의 탐사 보도 지원, 정보공개 활성화를 위한 시민 교육 등의 활동을 한다.

한국투명성기구 ti.or.kr

국제투명성기구(Transparency International)의 한국 본부로 부패 척결을 목적으로 활동하는 비정부기구(NGO)다. 1999년 YMCA, 흥사단, 한국청년연합회 등 7개 시민 단체가 모여 부패 추방 운동을 위한 시민 단체 네트워크인 반부패국민연대를 설립한 게 모체다. 반부패투명사회협약, 시민옴부즈만, 맑은사회만들기, 기업윤리학교 등의 활동을 전개하고 있다.

e나라지표 index.go.kr

정부 기관에서 생산한 각종 지표를 통해 사회, 경제, 정치, 문화 등 다양한 방면에서 우리나라의 현 위치를 보여 주는 정부 사이트다. 이곳에서 다루는 지표는 공식적인 통계뿐만 아니라 각종 사회 현황이나 행정 데이터를 가공한 2차 자료도 포함한다. 이용자의 이해를 돕고자 지표와 함께 분석 자료도 함께 제공한다. 가령 시계열 분석을 통해 정책에 따른 다양한 사회 변동 현상을 확인할 수 있다.

찾아보기

내인생의책은 한 권의 책을 만들 때마다
우리 아이들이 나중에 자라 이 책이 '내 인생의 책'이라고 말할 수 있는 책을 만들고자 합니다.

세상에 대하여 우리가 더 잘 알아야 할 교양

23 국가 정보 공개 어디까지 허용해야 할까?

(원제: Freedom of Information)

케이 스티어만 글 | 황선영 옮김 | 전진한 감수

초판 인쇄일 2013년 4월 20일 | 초판 발행일 2013년 4월 30일
펴낸이 조기룡 | 펴낸곳 내인생의책 | 등록번호 제10-2315호
주소 서울시 마포구 망원동 385-39 3층 (우)121-821
전화 (02)335-0449, 335-0445(편집) | 팩스 (02)6499-1165
전자우편 bookinmylife@naver.com | 카페 http://cafe.naver.com/thebookinmylife
편집주간 한소원 | 편집장 이은아 | 책임편집 조일현
편집 김지연 황윤진 손유진 강길주 김수령 이다겸 이채령
디자인 이자현 한은경 심재원 | 마케팅 김상석

이 책의 한국어판 저작권은 Imprima Korea Agency를 통해
Hodder and Stoughton Limited와의 독점 계약으로 **내인생의책**에 있습니다.
저작권법에 의해 한국 내에서 보호를 받는 저작물이므로 무단전재와 무단복제를 금합니다.

ISBN 978-89-97980-38-3 44300
ISBN 978-89-91813-19-9 44300(세트)

Freedom of Information
Copyright © 2011
Published by arrangement with Hodder and Stoughton Limited
on behalf of Wayland, a division of Hachette Children's Books
All rights reserved.

Korean Translation Copyright ©2013 by TheBookInMyLife Publishing Co
Korean edition is published by arrangement with Hodder and Stoughton Limited
through Imprima Korea Agency

책값은 뒤표지에 있습니다. 잘못된 책은 구입처에서 바꾸어 드립니다.

이 도서의 국립중앙도서관 출판시도서목록(CIP)은 e-CIP 홈페이지(http://www.nl.go.kr/ecip)에서 이용하실 수 있습니다.
(CIP제어번호: 2013002046)

책은 나무를 베어 만든 종이로 만듭니다.
그래서 원고는 나무의 생명과 맞바꿀 만한 가치가 있어야 합니다.
그림책이든 문학, 비문학이든 원고 형식은 가리지 않습니다.
여러분의 소중한 원고를 bookinmylife@naver.com으로 보내주시면
정성을 다해 좋은 책으로 만들겠습니다.

디베이트 월드 이슈 시리즈

세상에 대하여 우리가 더 잘 알아야 할 교양

전국사회교사모임 선생님들이 번역한 신개념 아동·청소년 인문교양서!

《디베이트 월드 이슈 시리즈 세더잘》은 우리 아이들에게 편견에 둘러싸인 세계 흐름에서 벗어나 보다 더 적확한 정보와 지식을 제공합니다. 모두가 'A는 B이다.'라고 믿는 사실이, 'A는 B만이 아니라, C나 D일 수도 있다.' 는 것을 알려 주면서 아이들이 또 다른 진실을 발견하도록 안내합니다.

★ 전국사회교사모임 추천도서 ★ 문화체육관광부 우수교양도서 ★ 한국간행물윤
리위원회 청소년 권장도서 ★ 서울시교육청 추천도서 ★ 보건복지부 우수건강도서
★ 아침독서 추천도서 ★ 대교눈높이창의독서 선정도서 ★ 학교도서관저널 추천도서

세더잘 22

줄기세포 꿈의 치료법일까?

피트 무어 글 | 김좌준 옮김 | 김동욱, 황동연 감수

줄기세포는 질병 퇴치와 수명 연장의 꿈을 실현해 줄 것이다.
vs 윤리적 논란과 안전성 문제가 해결되지 않는 한 섣부른 기대다.

줄기세포는 꿈의 치료법으로 기대를 모으며 국가적으로 지원받고 있는 의료 분야의 화두입
니다. 이 책은 줄기세포에 대한 과학적 지식은 물론, 줄기세포 연구를 이해할 때 수반되는 동
물 실험이나 유전 공학, 인간 복제, 민간 자본 개입 문제에 대해서도 자연스레 꿰어 감으로써
21세기 생명과학과 생명윤리 전반에 대한 기초 소양을 쌓게 해 줍니다.

세더잘 21

안락사 허용해야 할까?

재키 베일리 글 | 장선하 옮김 | 김호연 감수

안락사는 가면을 뒤집어쓴 살인 행위에 불과하다.
vs 인간은 품위 있는 죽음을 선택할 수 있어야 한다.

이 책은 안락사 전반을 둘러싼 사회문화적, 철학적 쟁점들을 균형 있게 살펴보면서 삶과 죽음의 문제에 접근합니다.
안락사를 현대 의학의 효율성과 경제적 측면에서 바라보는 것이 아니라 삶과 죽음이라는 커다란 그림 안에서 바라
보게 하는 것이지요. 끝없이 계속되는 안락사 찬반 논쟁을 살펴보면서 삶의 소중함을 깨달아 봅시다.

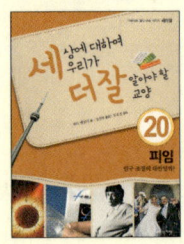

세더잘 20

피임 인구 조절의 대안일까?

재키 베일리 글 | 장선하 옮김 | 김호연 감수

태아는 태어날 권리가 있다.
vs 피임은 인간다운 삶의 필요조건이다.

피임과 인구 문제는 서로 어떤 연관성이 있을까요? 중국의 '한 자녀 정책' 과 같은 국가 차원에서의 피임 정책이 인
구 증가를 잡는 해결책이 될 수 있을까요? 출산율을 잡으려다 자칫 태아의 생명권만 침해하는 건 아닐까요? 일반적
인 청소년 교양서들이 피임과 인구 문제를 분리해서 다루는 데 비해 이 책은 두 주제 간에 통합적인 사고를 이끌어
내는 게 특징입니다.

세더잘 19
유전 공학 과연 이로울까?

피트 무어 글 | 서종기 옮김 | 이준호 감수

유전 공학 기술의 발전과 활용은 반드시 필요하다.
vs 생물의 기본 구성 요소를 건드리는 것은 위험한 일이다.

인류는 인간의 삶에 유용하도록 동식물의 유전자를 변형시켜 왔습니다. 복제 양 돌리가 탄생하고 우유를 많이 생산해 내는 젖소와 육질이 풍부한 소는 물론 털이 빨리 자라는 양과 병해충과 농약에 강한 농작물 등이 바로 그 결과물입니다. 유전 공학의 발전으로 생명 연장의 길이 열리게 되었다고 열광하는 사람들도 있습니다. 이처럼 날로 발전하는 유전 공학의 기술이 과연 인간에게 이로운 것인지에 대해 함께 토론해 봅시다.

세더잘 18
낙태 금지해야 할까?

재키 베일리 글 | 정여진 옮김 | 양현아 감수

낙태는 개인의 선택에 맡겨야 한다.
vs 국가가 규제하고 제한해야 한다.

낙태는 금지되어야 할까, 아니면 허용해야 할까? 만약 허용한다면 어디까지 허용해야 할까? 이와 같은 낙태에 대한 논쟁은 아주 오래전부터 끊임없이 지속되어 왔습니다. 낙태는 아이를 가진 여성 개인의 문제만이 아닌 태아를 하나의 인격체로 봐야 하는지 아닌지에 대한 부분까지 고려해야 하는 결코 쉽지 않은 주제입니다.

세더잘 17
프라이버시와 감시 자유냐, 안전이냐?

캐스 센커 글 | 이주만 옮김 | 홍성수 감수

프라이버시는 인간의 본질적 권리로 우리 모두가 지켜 나가야 한다.
vs 개인 PR의 시대, 자신의 프라이버시를 얼마큼 보호하느냐는 각자가 선택할 사항이다.

거리 곳곳에는 CCTV가 넘쳐나고, 생체 정보로 신원을 확인하고, 인터넷을 쓰려면 사이트마다 개인 정보를 입력해야 하는 등 프라이버시 침해와 일상적인 감시가 만연한 시대가 되었습니다. 범죄 예방 등 공동체의 안전을 담보하고 정보화 시대의 편익을 누리면서도 기본적 인권인 프라이버시를 어떻게 지켜 낼 수 있을지 생각해 봅니다.

세더잘 16
소셜네트워크 어떻게 바라볼까?

로리 하일 글 | 강인규 옮김

소셜 네트워크는 표현의 자유를 확장할 것이다.
vs 사생활 침해를 증가시킬 것이다.

페이스북이나 트위터와 같은 소셜 네트워크는 우리가 더 빠르고 빈번하게 소식을 주고받도록 도와줍니다. 아이티에서 지진이 발생했을 때도, 허리케인이 미국을 강타했을 때도, 이 소식을 가장 먼저 전했던 것은 바로 SNS였습니다. 하지만 역기능도 만만치 않습니다. 소셜 네트워크는 우리 생활을 어떻게 바꾸고 있을까요?

세더잘 15
인권 인간은 어떤 권리를 가질까?

은우근, 조셉 해리스 글 | 전국사회교사모임 옮김

인권은 모든 지역, 모든 사람에게 동등하게 적용되어야 한다
vs 인권의 잣대를 일률적으로 들이대선 안 된다

신문을 펼치면 연일 보도되는 비정규직 문제, 주택 문제, 성 폭력, 학교 폭력, 이주민 문제 등 인간사 모든 것이 인권과 관련되어 있습니다. 이 책은 인권 개념의 발견에서부터 하나하나의 구체적 권리를 세우기까지 인권 발전의 역사를 통해 인권의 이론과 실재를 한눈에 살피고 인권감수성을 키워 줍니다.

세더잘 14
관광산업 지속 가능할까?

루이스 스펠스베리 글 | 정다워 옮김 | 이영관 감수

관광산업은 일자리를 창출하고, 국가 경제에 큰 도움이 된다.
vs 관광산업은 자연을 훼손하고, 현지인의 전통적 삶의 방식을 파괴한다.

관광산업이 커지면서 사람들은 경제가 발전하고 다른 문화에 대한 접근성이 높아지는 이점을 누리게 되었습니다. 한편, 관광산업 노동자들의 근로 환경이 오히려 열악해지거나 자연이 훼손되는 부작용도 생겨났습니다. 이러한 문제들을 극복하기 위한 관광이 바로 지속 가능한 관광입니다. 책임관광, 공정여행이라고도 불리는 지속 가능한 관광을 다양한 관점에서 성찰해 봅니다.

세더잘 13
동물실험 왜 논란이 될까?

페이션스 코스터 글 | 김기철 옮김 | 한진수 감수

동물실험은 과학과 의학의 진보를 위해 반드시 필요하다.
vs 동물실험은 무의미하게 생명을 죽이므로 폐지해야 한다.

동물실험은 새로이 개발된 의약품이나 화학물질 등을 시판하기 전, 그 안전성을 검증하기 위해서 거치는 과정입니다. 인류는 수많은 동물의 희생으로 건강한 삶을 얻었습니다. 그러나 그 희생이 과연 윤리적으로 합당한지는 생각해 볼 문제입니다. 첨예한 논란을 일으키는 동물실험의 찬반양론을 명쾌하게 정리한 이 책을 읽고 과학 윤리에 대해 생각해 봅시다.

세더잘 12
군사 개입 과연 최선인가?

케이 스티어만 글 | 이찬 옮김 | 김재명 감수

군사 개입은 인권 보호를 위해 필요하다.
vs 군사 개입은 다른 나라의 주권을 침해할 뿐이다.

군사 개입은 세계에서 가장 논란이 되는 문제 중 하나입니다. 군사 개입으로 인해 사람이 죽고 공동체가 파괴되기 때문이지요. 폭력을 막기 위해 또 다른 폭력을 사용해도 될까요? 전쟁에 시달리고 있는 지구촌이 평화를 되찾는 법은 없을까요? 이 책은 국제 사회의 뜨거운 감자, 군사 개입을 다루며 지구촌 폭력과 평화에 대해 폭넓게 성찰하게 합니다.

세더잘 11
사형제도 과연 필요한가?

케이 스티어만 글 | 김혜영 옮김 | 박미숙 감수

사형은 국가가 행하는 합법적인 살인이므로 폐지되어야 한다.
vs 사형은 범죄를 억제하는 가장 효과적인 방법이므로 존치시켜야 한다.

사형제도 존폐를 둘러싼 팽팽한 논쟁은 지금도 이어지고 있습니다. 이 책은 사형제도 존폐론 외에도 사형 집행의 과정을 생생한 사례와 구체적인 논거로 철저히 분석합니다. 과연 사형에서 공정한 집행이 이루어지고 있는지, 오류는 없는지 등을 포함해, 사형제도를 둘러싼 국제적 이슈를 담아냈습니다. 이 책을 읽고 사형제도에 대한 자신만의 생각을 정립해 봅시다.

세더잘 10
성형수술 외모지상주의의 끝은?

케이 스티어만 글 | 김아림 옮김 | 황상민 감수

미용 성형 산업을 객관적인 시선으로 바라보도록 도와주어
현대 사회에 대한 근본적인 물음을 던지게 하는 책

성형 수술의 역사, 의미, 효과, 역사적 배경, 성형 산업의 현실 등을 상세하게 설명해 미용 성형에 대해 스스로 생각하고 합리적으로 판단할 수 있는 힘을 길러줍니다. 마땅히 '수정되어야 할 몸'에 대한 끊임없는 강박과 열등감이 만연한 현대 사회를 어떻게 바라봐야 할지 다시 한 번 깊이 생각하게 해 줄 것입니다.

세더잘 09

자연재해 인간과 자연이 공존하는 길은?

안토니 메이슨 글 | 선세갑 옮김

**자연재해에 관한 사회·과학 통합서
'자연 대 인간'에서 '자연과 인간'으로!**

이 책은 자연재해의 유형과 원인을 과학 원리로 설명하고, 피해자 구조나 복구 과정, 방재 대책 등에 관해 체계적으로 살펴봅니다. 또한 자연재해의 이면에 숨어 있는 정치·경제적인 논의와 함께 인간의 무분별한 행태가 재해를 부추기는 면도 지적하며 인문학적인 성찰을 유도합니다.

세더잘 08

미디어의 힘 견제해야 할까?

데이비드 애보트 글 | 이윤진 옮김 | 안광복 추천

**미디어는 규제받아야 한다.
vs 미디어는 자유로워야 한다.**

오늘날 제4의 권력이라고 불릴 정도로 강력해진 미디어의 힘에 대해 알아봅니다. 미디어를 지탱하는 언론 자유와 그 힘을 통제하려는 정부의 규제 사이에서 벌어지는 논쟁에 대한 다양한 관점을 제시하고, 미래의 미디어가 나아가야 할 방향에 대해서 생각해 보도록 돕습니다.

세더잘 07

에너지 위기 어디까지 왔나?

이완 맥레쉬 글 | 박미용 옮김

**지구 온난화, 전쟁과 테러, 허리케인…
이 모든 것은 에너지 위기에서 비롯되었다!**

우리는 에너지 없는 세상에서 하루도 살 수 없습니다. 하지만 현재 속도로 에너지를 소비한다면 앞으로 40년 이내에 주에너지원인 석유가 고갈될 것입니다. 이 책은 에너지 위기가 불러올 정치, 사회, 경제, 환경의 변화를 알아보고, 무엇이 화석연료를 대신할 차세대 에너지원이 될지 꼼꼼히 따져 봅니다.

세더잘 06

자본주의 왜 변할까?

데이비드 다우닝 글 | 김영배 옮김 | 전국사회교사모임 감수

인류를 위한 가장 바람직한 자본주의의 변화상은 무엇인가?

자본주의의 역사와 발전상에 대해 알아보면서 자본주의라는 경제 체제가 인류를 위해 어떻게 복무했는지, 문제가 발생하면 그때마다 인류에게 봉사하기 위해 어떤 모습으로 변신했는지에 대해 알아봅니다. 이를 통해 논쟁이 끊이지 않는 21세기의 자본주의가 어떻게 변해야 할지에 대해 생각해 보도록 합니다.

세더잘 05

비만 왜 사회문제가 될까?

콜린 힌슨, 김종덕 글 | 전국사회교사모임 옮김

**왜 지구 한쪽에서는 굶어 죽는데,
다른 한쪽에서는 비만으로 죽는 걸까?**

이 책은 이러한 역설에서 출발합니다. 오늘날 비만이 왜 사회 문제가 되었는지 역사적, 문화적 관점에서 살피고 선진국과 개발도상국에서 나타나는 비만 문제의 양상과 그 속에 숨은 식품산업의 어두운 그림자, 나아가 전 세계적 차원의 식량 문제로까지 사고의 범위를 넓혀 줍니다.

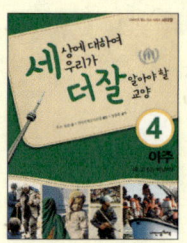

세더잘 04

이주 왜 고국을 떠날까?

루스 윌슨 글 | 전국사회교사모임 옮김 | 설동훈 감수

지구촌 다문화 시대의 국제 이주 바로 알기

오늘날 국제 사회와 다문화, 다민족 사회를 이해하기 위해 꼭 알아야 할 '이주'에 관한 책. 왜 사람들은 이주를 선택하거나 강요받는지에 대한 다양한 관점을 제시하고, 또 이에 대한 정부의 정책과 국제기구의 활동도 알려 줍니다.

세더잘 03

중국 초강대국이 될까?

안토니 메이슨 글 | 전국사회교사모임 옮김 | 백승도 감수

세계 초강대국으로 떠오르고 있는 중국 바로 알기

우리나라는 정치·경제적으로 중국과 더욱 긴밀한 관계를 맺고 있습니다. 가까운 미래에 중국의 영향력은 더 커질 것이기에 중국을 제대로 이해해야 합니다. 이 책은 객관적 시선으로 중국을 편견 없이 바라보도록 돕습니다.

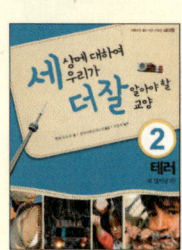

세더잘 02

테러 왜 일어날까?

헬렌 도노호 글 | 전국사회교사모임 옮김 | 구춘권 감수

평화로운 세상을 위해 더 잘 알아야 하는 불편한 진실, 테러

이 책은 테러에 대해 어떤 특정 사건과 집단 대신 '테러'라는 하나의 축으로 세계 갈등의 역사를 조망합니다. 나아가 평화로운 세상을 만들기 위해서 테러에 대해 잘 알아야 한다고 역설합니다.

세더잘 01

공정무역 왜 필요할까?

아드리안 쿠퍼 글 | 전국사회교사모임 옮김 | 박창순 감수

공정 무역 = 페어플레이. 초콜릿과 축구공으로 보는 세계 경제의 진실

공정무역을 포함한 무역과 시장경제를 올바르게 이해하도록 돕습니다. 오늘날 기업은 생존과 발전을 위해서 사회적 책임을 다해야 하고, 따라서 공정무역에 관심을 가질 수밖에 없습니다. 우리 아이들이 미래의 리더가 되기 위해 꼭 알아야 할 공정무역에 관한 책입니다.

※ 디베이트 월드 이슈 시리즈 **세더잘**은 계속 출간됩니다.